답이 보이는

5초

영어
어법

답이 보이는
5초 영어어법

개정1쇄 발행 2025년 1월 20일

지은이 박정규(JK English)
펴낸이 임형경
펴낸곳 라즈베리
마케팅 김민석
편집 정동순, 김단, 김재현
디자인 제이로드
등록 제2014-33호
주소 (우 01363) 서울 도봉구 해등로 286-5, 101-905
대표전화 02-955-2165
팩스 0504-088-9913
홈페이지 www.raspberrybooks.co.kr
ISBN 979-11-87152-40-8 13740

답이 보이는

5
초

영어
어법

박정규 JK English 지음

Respberry 라즈베리

박정규

(JK English)

2006년 수능 영어 강의에 첫발을 내디딘 이래 올해로 18년 차 영어 강사이자 수능 영어 전문 학원을 운영 중입니다. 또한, 유튜브에서 JK English라는 영어 채널을 운영하면서 수험 영어로 어려움을 겪고 있는 분들께 도움을 드리고 있습니다.

오프라인 수업부터 유튜브 영상 및 온라인 강의에 이르기까지 많은 영어 관련 수업을 하면서 제가 중요시하는 것은 '가성비 높은 강의'입니다. 이 가성비란 단어에는 단순하게 비용뿐 이니라 시간과 노력에 대한 효율도 포함하고 있습니다. 고액의 비용과 넘치는 시간, 엄청난 노력을 투여한다면 수험 영어에서 원하는 성적을 못 받을 학생은 없습니다. 그러기에 그 어떤 강의보다 수험생의 비용과 시간과 노력을 아껴주면서 최상의 결과를 줄 수 있는 강의를 하고자 노력하고 있습니다.

그동안 영어에 대한 조그마한 능력으로 넘치는 사랑을 받아왔기에, 이 책을 계기로 앞으로 강의에 더 많은 가성비를 담아 되돌려 드리겠습니다.

"대박 짱이에요!"
"너무 쉬워서 억울합니다."

"선생님의 간단명료한 설명을 들으니 지금까지 왜 이렇게 어렵게 영문법 공부를 했나 싶네요."
"여태까지 들어봤던 수업 중에 어법을 가장 쉽고 이해가 잘 되게 알려주십니다."
"영포자인데도 이해가 되고 문제가 풀려서 너무 신기했습니다."
"선생님을 만난 건 행운입니다. 시간 낭비 안 하게 해주셔서 정말 고맙습니다."

위 반응들은 실제로 저의 어법 수업을 들었던 학생들의 반응입니다.

영어 어법 공부에서 제가 가장 중요하게 생각하는 부분은 '영어 어법에 오랜 시간과 비용이 들어가면 안 된다.'라는 겁니다. 그렇다고 어법이 중요하지 않다는 것은 물론 아닙니다. 다만 영어의 시작이자 기본 뼈대가 되는 어법을 치음부터 깊고 어렵게 공부하면 본격적인 학습에 들어가기도 전에 영어와 멀어지게 될 뿐이며, 더 나아가 중요한 문제 풀이보다는 이론에 집착하는 학습이 되기 쉽습니다.

"개념 따로, 문제 풀이 따로는 이제 그만!"
"실전에 써먹지 못하는 이론 공부는 이제 그만!"

저는 흔히 말하는 유명 1타 강사가 아닙니다. 그러나 16년 동안 영어를 가르쳐 오면서 까다로운 어법을 쉽게 실전에 적용할 수 있는 저만의 노하우가 생겼고, 이를 2년 전부터 유튜브를 통해 공개하기 시작했습니다. 다행히 이것이 많은 수험생의 실전에 도움을 주었고, 특히 영포자와 노베이스인 분들이 영어 어법이라는 장애물을 넘는 데 큰 무기가 되었다고 자부합니다.

저는 '개념 따로, 문제 풀이 따로'와 같은 방식을 선호하지 않습니다. 그러기에 이 책 한 권으로 머릿속에 흩어져 있던 어법 개념을 하나의 줄기로 정리하고, 실전 문제에 바로 적용하기를 바랍니다. 실제로 이 책은 중요 개념을 익힌 후에 내신·수능·토익·공시 문제 등 각종 영어 어법 문제에 바로 적용할 수 있게 구성했습니다. 궁금하시다면 구매 전 첫 번째 챕터를 딱 3분만 보시기 바랍니다. 문장의 원리를 이용한 간단한 풀이법을 보시면 영어 어법 풀이의 새로운 눈이 뜨이실 것입니다.

"밥 한 끼 값으로 매달 100만 원씩 아끼는 겁니다!"
"책만 봐서 어려운 분은 유튜브 동영상 강의로 도움을!"

이 책과 함께 공부하신다면 여러분은 최소한의 시간과 2만 원이 안 되는 비용으로 어법이라는 영어의 큰 산을 쉽게 넘으리라 확신합니다. 그리고 그동안 영어 어법 정복을 위해 투자한 많은 비용과 기나긴 시간의 아까움을 느끼실 겁니다. 책만 봐서 이해가 어려울 영포자, 노베이스이신 분들을 위해 동영상 강의도 함께 준비했으니, 책의 내용과 함께 강의를 보면서 따라오시기 바랍니다.

여러분이 만약 영어 어법으로 고전 중이시라면 어서 이 책의 첫 장을 펼치고, 유튜브 강의 1강을 들어보시기 바랍니다. 부디 제가 마련한 남들보다 훨씬 더 빠르게 앞서갈 수 있는 영어 어법의 추월차선에 여러분도 올라타시기 바랍니다.

일러두기

 이 책의 대상

내신, 수능, 공시, 토익, 토플, 텝스 등 각종 영어 시험 준비생

 이 책의 특징

1 책 + 유튜브 강의
2 개념과 문제 풀이가 하나로!
3 문제를 보고 짧은 시간에 답을 찾는 비법!

어법 개념 정리   **바로** 실전 문제 적용

 이 책의 유튜브 동영상

유튜브 강의는 아래의 QR코드를 스캔하면 시청하실 수 있습니다. 강의는 비공개되어 있으므로 유튜브에서 검색해서는 보실 수 없고, 반드시 QR코드를 스캔해서 공부하시기 바랍니다.
성심을 다해 강의를 준비했습니다. 유용하게 사용되길 바랍니다.

특강1
QR코드

특강2
QR코드

특강3
QR코드

특강4
QR코드

특강5
QR코드

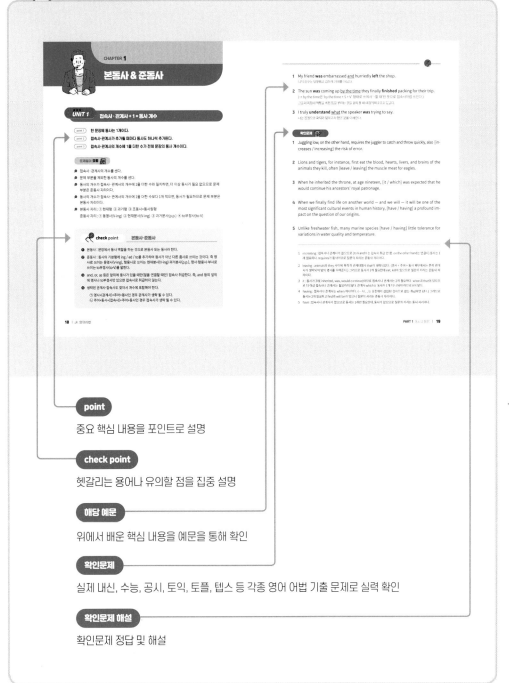

point

중요 핵심 내용을 포인트로 설명

check point

헷갈리는 용어나 유의할 점을 집중 설명

해당 예문

위에서 배운 핵심 내용을 예문을 통해 확인

확인문제

실제 내신, 수능, 공시, 토익, 토플, 텝스 등 각종 영어 어법 기출 문제로 실력 확인

확인문제 해설

확인문제 정답 및 해설

목차

죽을 때까지 매번 **동사의 활용** 찍고 싶다면 절대 보지 마세요!

PART 1 **동사의 활용** (필수어법)

CHAPTER 1   본동사 & 준동사

CHAPTER 2   특별한 동사 모음 (중요동사)

CHAPTER 3   사역동사 & 지각동사

나만 몰랐던 **to부정사 & 동명사** 진짜 쉽게 푸는 법!

PART 2 **to부정사 & 동명사** (필수어법)

이것보다 쉽고 확실한 **시제** 문제 풀이법은 보지 못했다!

PART 3 시제

영어하는 사람들 95%가 모르는 **수의 일치** 풀이법!

PART 4 수의 일치 (필수어법)

이렇게 쉬운 **관계사 & 접속사** 문제를 매번 틀리면서 잠이 오나요?

PART 5 관계사 & 접속사

CHAPTER 1   관계대명사

영포자도 **가정법** 5초 만에 풀 수 있습니다!

PART 6   가정법

아무도 가르쳐 주지 않는 **형용사 & 부사**의 기본적 법칙!

PART 7 형용사 & 부사 (필수어법)

몇 달을 배워도 몰랐던 **명사 & 대명사 & 관사** 끝내드리겠습니다!

PART 8 명사 & 대명사 & 관사

이 파트 보면 **조동사** 문제 무조건 맞힙니다!

PART 9 조동사

이 책을 소화했다면 눈 감고도 풉니다!

PART 10　실전 종합 문제

영어 노베이스도 **필수 어법** 7개면 끝납니다!

필수 어법 7개 초간단 정리

PART 1

동사의 활용
(필수어법)

죽을 때까지 매번 동사의 활용 찍고 싶다면 절대 보지 마세요!

CHAPTER 1

본동사 & 준동사

★★★
UNIT 1 **접속사·관계사 + 1 = 동사 개수**

(point 1) **한 문장에 동사는 1개이다.**

(point 2) **접속사·관계사가 추가될 때마다 동사도 하나씩 추가된다.**

(point 3) **접속사·관계사의 개수에 1을 더한 수가 전체 문장의 동사 개수이다.**

문제풀이 요령

- 접속사·관계사의 개수를 센다.
- 문제 부분을 제외한 동사의 개수를 센다.
- 동사의 개수가 접속사·관계사의 개수에 1을 더한 수와 일치하면, 더 이상 동사가 필요 없으므로 문제 부분은 준동사 자리이다.
- 동사의 개수가 접속사·관계사의 개수에 1을 더한 수보디 1개 적으면, 동사가 필요하므로 문제 부분은 본동사 자리이다.
- 본동사 자리 : ① 현재형 ② 과거형 ③ 조동사+동사원형

  준동사 자리 : ① 동명사(V-ing) ② 현재분사(V-ing) ③ 과거분사(p.p.) ④ to부정사(to-V)

✓ **check point**　　　**본동사·준동사**

❶ 본동사 : 문장에서 동사 역할을 하는 것으로 본동사 또는 동사라 한다.

❷ 준동사 : 동사의 기본형에 ing / ed / to를 추가하여 동사가 아닌 다른 품사로 쓰이는 것이다. 즉 명사로 쓰이는 동명사(V-ing), 형용사로 쓰이는 현재분사(V-ing)·과거분사(p.p.), 명사·형용사·부사로 쓰이는 to부정사(to-V)를 말한다.

❸ and, or, as 등은 앞뒤에 동사가 있을 때만(절을 연결할 때만) 접속사 취급한다. 즉, and 등의 앞뒤에 명사나 to부정사만 있으면 접속사로 취급하지 않는다.

❹ 생략된 관계사·접속사도 찾아서 개수에 포함해야 한다.

　　㉠ 명사+(관계사)+주어+동사인 경우 관계사가 생략 될 수 있다.

　　㉡ 주어+동사+(접속사)+주어+동사인 경우 접속사가 생략 될 수 있다.

1 My friend **was** embarrassed <u>and</u> hurriedly **left** the shop.
나의 친구는 당황했고 급하게 가게를 떠났다.

2 The sun **was** coming up <u>by the time</u> they finally **finished** packing for their trip.
(→ by the time은 'by the time + S + V' 형태로 쓰여서 '~할 때'란 뜻으로 접속사처럼 쓰인다.)
그들이 마침내 여행을 위한 짐을 꾸리는 것을 끝마칠 때 태양이 떠오르고 있었다.

3 I truly **understand** <u>what</u> the speaker **was** trying to say.
나는 진정으로 화자가 말하고자 했던 것을 이해한다.

확인문제

1 Juggling low, on the other hand, requires the juggler to catch and throw quickly, also [increases / increasing] the risk of error.

2 Lions and tigers, for instance, first eat the blood, hearts, livers, and brains of the animals they kill, often [leave / leaving] the muscle meat for eagles.

3 When he inherited the throne, at age nineteen, [it / which] was expected that he would continue his ancestors' royal patronage.

4 When we finally find life on another world — and we will — it will be one of the most significant cultural events in human history, [have / having] a profound impact on the question of our origins.

5 Unlike freshwater fish, many marine species [have / having] little tolerance for variations in water quality and temperature.

---

1 increasing : 접속사나 관계사가 없으므로 (to V and V 는 접속사 취급 안 함. on the other hand는 연결사) 동사는 1개 필요하다. requires가 동사이므로 질문의 자리는 준동사 자리이다.

2 leaving : animals와 they 사이에 목적격 관계대명사 that이 생략되었다. (명사 + 주어 + 동사 패턴에서는 흔히 관계사가 생략되어 앞의 명사를 꾸며준다.) 그러므로 동사가 2개 필요한데 eat, kill이 있으므로 질문의 자리는 준동사 자리이다.

3 it : 동사가 3개(inherited, was, would continue)이므로 접속사나 관계사는 2개 필요하다. when과 that이 있으므로 더 이상 접속사나 관계사는 필요하지 않다. 관계사 which는 동사가 1개 더 나와야 하므로 it이 맞다.

4 having : 접속사나 관계사는 when 하나이다. (- - 나 , , 는 문장에서 삽입된 것이므로 없는 취급하면 된다.) 그러므로 동사는 2개 필요하고 find와 will be가 있으니 질문의 자리는 준동사 자리이다.

5 have : 접속사나 관계사가 없으므로 동사는 1개만 필요한데, 동사가 없으므로 질문의 자리는 동사 자리이다.

★★★
UNIT 2 ~ing / ~ed

(point 1) 해당 자리가 본동사 자리인지, 준동사 자리인지를 파악한다.
본동사 자리라면 답은 동사의 과거형인 V-ed이다.

(point 2) 해당 자리가 준동사 자리라면 현재분사(능동) 또는 과거분사(수동)의 문제이다.
이 경우 '자·타 공식'을 적용한다.

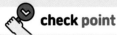 **check point** 　　**자·타 공식**

❶ 타동사는 목적어가 필요하다. 따라서 타동사 뒤에 목적어가 없으면 일단 수동태인지 의심해야 하고, 이것은 준동사의 경우도 마찬가지이다.

❷ 준동사 자리인 경우 해당 단어 뒤에 목적어가 있으면 현재분사(능동)인 ~ing, 목적어가 없으면 과거분사(수동)인 p.p. 형태가 온다. 목적어는 일반적으로 명사, 대명사, 절(주어+동사)로 나타난다.

1 Brainstorming is roughly defined as any group activity <u>involving</u> the pursuit of new ideas.
브레인스토밍은 대략 새로운 아이디어의 추구와 관련된 어떤 그룹 활동으로 정의된다.

2 Jealousy is the feeling of fear, unhappiness, or even ill will that arises when a person feels that an important relationship with someone is <u>threatened</u>.
질투는 사람이 누군가와 중요한 관계가 위협받는다고 느낄 때 일어나는 두려움, 불행, 심지어 악의의 감정이다.

3 In the British Museum there is one actual loaf of bread <u>displayed</u>.
영국 박물관에는 실제 빵 한 덩어리가 전시되어 있다.

4 A student has no more "right" to put an article in a newspaper <u>produced</u> with school funds at school facilities.
학생은 더 이상 학교시설에서 학교기금으로 생산된 신문에 기사를 실을 권리를 갖지 못한다.

확인문제 📝

1 The history of Egypt [writing / written] by Manetho, an Egyptian priest of the early third century BCE, is known only through such quotations.

2 On average, the general population spends over four and a half hours a day in front of the tube, [making / made] TV watching, one of the most common modern leisure activities.

3 These statistics reflect only those crimes [reporting / reported] to local police departments.

4 Some products are labeled "chemical‐free," when the fact is everything contains chemicals, [including / included] plants and animals.

5 Even if neither person [involving /involved] is convinced by the other's argument, both can still come to appreciate the opposing view.

---

1 written : 접속사나 관계사가 없으므로 동사는 1개만 있으면 되는데 is가 나와 있으니 질문의 자리는 준동사 자리이다. 그러므로 현분/과분의 문제가 되는데 뒤에 목적어가 없으니 과거분사가 맞다.

2 making : 접속사나 관계사가 없으므로 동사는 1개만 있으면 되는데 spends라는 동사가 있으니 질문의 자리는 준동사 자리이다. 그러므로 현분/과분의 문제가 되는데 바로 뒤에 TV watching이라는 목적어가 있으니 현재분사가 맞다.

3 reported : 접속사나 관계사가 없으므로 동사는 1개만 있으면 되는데 reflect라는 동사가 있으니 질문의 자리는 준동사 자리이다. 그러므로 현분/과분의 문제가 되는데 뒤에 목적어가 없으므로 (전치사) 과거분사가 맞다.

4 including : the fact is와 everything contains 사이에 접속사 that이 생략되어 있어 관계사, 접속사는 when / that 2개이다. 따라서 동사가 3개 필요하다. 동사는 are / is / contains 3개가 있으므로 질문의 자리는 준동사이다. 즉 현분/과분의 문제가 된다. 뒤에 목적어가 있으니 답은 including이 맞다.

5 involved : 접속사나 관계사가 1개(Even if) 있으므로 동사가 2개 필요하다. is와 can come 2개 있으니 준동사 자리를 묻는 것이다. 즉 현분/과분의 문제가 된다. 뒤에 목적어가 없으니 답은 involved가 맞다.

UNIT 3 ~ed / be + ~ed
★★★

point 1 해당 자리가 본동사 자리인지, 준동사 자리인지를 파악한다.
준동사 자리라면 답은 과거분사 형태인 「~ed」이다. (be동사는 본동사이므로 불가)

- Use alpha hydroxyl acid(AHA), a substance <u>found</u> in many skin creams.
  많은 피부 크림에 발견되는 물질인 알파 하이드록실산을 사용해라.

point 2 본동사 자리라면 「~ed」는 과거형이 되어 「능동태 / 수동태」문제이다.
이 경우 해당 단어 뒤에 목적어가 있으면 능동형(~ed)이 오고, 목적어가 없으면
수동형(be+p.p.)이 온다.

- The second test found that people enjoyed a short animated clip more when it
  <u>was interrupted</u> by a commercial than when it was played continuously.
  두 번째 테스트는 짧은 만화영상이 계속해서 상영되었을 때 보다 광고 영상에 의해 방해받았을 때 사람들이 그것을 더 즐긴다는 것을 발견했다.

 **check point** 동사의 활용 풀이법

동사의 활용에 밑줄이 있으면 제일 먼저 '자리 판단'부터 한다. 자리 판단이 되면 아래 표를 이용해 문제를 푼다.

	능동 (목적어 ○)	수동 (목적어 ×)
동사 자리	능동태	수동태(be+p.p.)
준동사 자리	현재분사(V-ing)	과거분사(p.p.)

확인문제 📝

1 Odd numbers cannot [divide / be divided] by 2 evenly.

2 When we are young, we [surround / are surrounded] by expectations of our families, our teachers, and, later, our employers.

3 If you get proper treatment before it's too late, you can stop the health problems [associated / are associated] with foot pain.

4 The facts [presented / are presented] by the federal government seem to support this public belief.

---

1   be divided : 조동사 뒤에 동사 자리로 뒤에 목적어가 없으니 수동태(be p.p.)를 쓴다.

2   are surrounded : 접속사나 관계사가 when 1개이므로 동사는 2개 필요하다. 문장의 동사는 are 1개이므로 질문의 자리는 동사 자리이다. 즉 능동태/수동태 문제이고 뒤에 목적어가 없으니 수동태가 맞다.

3   associated : 접속사나 관계사가 If, before 2개이므로 동사는 3개가 필요하다. get, is, can stop 3개가 다 나왔으니 질문의 자리는 준동사 자리이다. 즉 현분/과분의 문제로 뒤에 목적어가 없으니 과거분사가 맞다.

4   presented : 접속사나 관계사가 없으므로 동사는 1개만 있으면 된다. seem이라는 동사가 있으므로 질문의 자리는 준동사 자리이다. 즉 현분/과분의 문제로 뒤에 목적어가 없으니 과거분사가 맞다.

★ 접속사 뒤에는 원칙적으로 S+V가 와야 하는데, 접속사 뒤에 'V-ing(현재분사)' 또는 'p.p.(과거분사)'가 오는 형태는 '분사구문'으로 본동사·준동사의 자리 판단을 하지 않고 바로 아래 방법으로 풀이를 한다.

(point 1) **원칙 풀이법**
분사구문에서 생략된 주절의 주어를 분사 앞으로 가지고 와서 주어가 하는 것(능동)이면 현재분사(V-ing), 주어가 당하는 것(수동)이면 과거분사(p.p.)를 쓴다.

(point 2) **초간단 풀이법**
자·타공식을 이용한다. 즉 분사 뒤에 목적어(명사·대명사)가 있으면 현재분사, 목적어가 없으면 과거분사를 쓴다.
→ 타동사의 경우에만 해당되나 시험에는 거의 타동사만 출제된다.

1 When <u>exposed</u> to the sun, why does your skin darken but your hair lighten?
태양에 노출되었을 때, 왜 너의 피부는 어두워지지만 너의 머리카락은 밝아질까?

2 While <u>rinsing</u> your hair, take a few minutes to rotate your head under the hot water to loosen the neck muscles.
머리를 헹구는 동안 뜨거운 물 아래서 목 근육을 풀기 위해 머리를 회전하는 시간을 몇 분 간 가져라.

3 Once <u>seen</u>, the picture will never be forgotten.
일단 보여지면, 그 그림은 결코 잊혀지지 않을 것이다.

1 When [throwing / thrown] correctly, a returning boomerang flies through the air in a circular path and arrives back at its starting point.

2 While [read / reading] a book at the food court, I noticed an attractive teenage girl who was waiting in line to buy an ice cream.

3 When [chatting / chatted] with friends, some teenage girls are too expressive, talking and laughing loudly, playing to their unreal audiences.

4 The heart muscle will still contract even if [removing / removed] from the body.

5 The sap from the tree makes a delicious wine when [mixed / mixing] with lemon peel, honey, and spices.

6 Being visually [overstimulating/overstimulated], the children have a great deal of difficulty concentrating and end up with worse academic results.

1 thrown : 분사구문이므로 자리 판단을 할 필요가 없다. 그냥 준동사 자리이다. 즉 현분/과분 묻는 문제이고 목적어가 바로 뒤에 없으니 과거분사가 맞다. (원칙대로 풀면 부메랑을 분사 앞에 두고 부메랑이 던지냐 던져지냐를 가지고 풀어도 된다. 부메랑은 던져지는 것이니 과거분사가 맞다.)

2 reading : 바로 뒤에 a book이라는 목적어가 있으니 현재분사가 맞다. (원칙대로 풀면 I를 앞에 놓고 내가 책을 읽는다가 자연스러우니 현재분사가 맞다.)

3 chatting : 자동사이므로 목적어 여부로 풀 수가 없다. 이럴 경우가 있어서 원칙을 알려준 것이다. some teenage girls를 분사 앞에 두고 따져 본다. 십 대 소녀들이 친구들과 대화한다 라는 것은 능동이므로 현재분사가 맞다.

4 removed : 바로 뒤에 목적어가 없으므로 과거분사가 맞다. (원칙대로 풀 때 심장근육이 제거되는 것이므로 과거분사가 맞다.)

5 mixed : 바로 뒤에 목적어가 없으므로 과거분사가 맞다. (원칙대로 풀 때 수액이 레몬 껍질과 섞이는 것이므로 과거분사가 맞다.)

6 overstimulated : 뒤에 목적어가 없으니 과거분사가 맞다. (원칙대로 풀면 아이들이 지나치게 자극받는 것이므로 과거분사가 맞다.)

UNIT 5 수동태 불가 동사

point 1 혼동하기 쉬운 자동사 : 수동태로 쓸 수 없다.

→ be, become, get, occur, happen, prove(판명이 나다), result, consist, remain, seem, appear, disappear, rise, arrive

자/타 혼용가능 동사

→ see(보다, ~을 보다), increase, decrease, read, peel

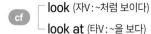

cf
- look (자V : ~처럼 보이다)
- look at (타V : ~을 보다)

point 2 수동태가 될 수 없는 타동사

→ have, possess, hold(수용하다), resemble

확인문제

1 The notation [was appeared / appeared] to read, Not you – us!

2 It [seems / is seemed] that there is a bottleneck somewhere in the system.

~~~~~~

1 appeared : 동사 자리이므로 능동태/수동태의 문제가 된다. 그러나 appear는 자동사라 수동태가 없다. 그러므로 능동태가 맞다.
2 seems : 접속사가 1개 있으므로 동사가 2개 필요한데 is 하나 있으므로 질문의 자리는 동사 자리이다. 능동태/수동태의 문제가 된다. 그러나 seem이 자동사라 수동태가 불가능하다. 그러므로 능동태가 맞다.

point 1   목적어가 2개(직접 목적어, 간접 목적어)인 동사(4형식)의 수동태
4형식 동사 : give, lend, send, pay, offer, ask, show, teach, tell (수여동사)

1 Philip <u>was given</u> the money to produce television and radio ads.
(→능동태 : They(광고주들) gave <u>Philip</u> <u>the money</u> to prodce television and radio ads.)
필립은 TV와 라디오 광고를 만들기 위한 돈을 받았다.

2 I <u>was taught</u> the importance of strict mental and physical discipline.
(→능동태 : They taught <u>me</u> <u>the importance of strict</u> mental and physical discipline.)
나는 엄격한 정신적, 육체적 훈련의 중요성을 배웠다.

3 We <u>were told</u> that our neighbor would move out soon.
(→능동태 : They told <u>us</u> that <u>our neighbor would move out soon</u>.)
우리는 우리의 이웃이 곧 이사 갈 것이라는 것을 들었다.

4 When a concert violinist <u>was asked</u> the secret of her success, she replied, "Planned neglect."
(→능동태 : When they asked <u>a concert violinist</u> <u>the secret of her success</u>, she replied, "Planned neglect.")
콘서트 바이올린 연주자가 성공의 비결을 질문받았을 때 그녀는 '계획된 태만'이라고 답변했다.

point 2   목적어+목적격 보어가 따르는 동사(5형식)의 수동태
5형식 동사 : consider, call, name, elect, appoint

1 Despite some disappointments, the conference <u>was considered</u> a success.
(→능동태 : Despite some disappointments, they considered <u>the conference</u> <u>a success.</u>)
약간의 실망에도 불구하고, 그 회담은 성공으로 여겨졌다.

2 My friend and I <u>were elected</u> Chair and Vice-Chair.
(→능동태 : They elected <u>my friend and me</u> <u>Chair and Vice-Chair.</u>)
나의 친구와 나는 의장과 부의장으로 선출되었다.

1 For example, high school football coaches are typically teachers who [paid / are paid] a little extra for their afterclass work.

2 The rescue of five children after an earthquake [later called / was later called] a miracle considering that hundreds of other innocent children were killed in the same disaster.

---

1 are paid : 관계사(who)가 1개 있으므로 동사가 2개 필요하다. 질문의 자리는 동사 자리이므로 능동태/수동태를 묻는 문제이다. pay는 4형식 동사로 쓰여서 목적어가 2개 있어야 능동태이다. a little extra라는 직접 목적어 1개만 있으므로 간접목적어가 빠져 있다. 그러므로 수동태가 맞다.

2 was later called : call은 흔히 명사가 2개 나오는 call A B 이렇게 쓰인다. A는 목적어 B는 목적격 보어로 'A를 B라고 부르다'로 해석한다. 뒤에 명사가 miracle 하나만 나오므로 목적어가 빠진 것이다. 그러므로 수동태가 맞다.

UNIT 7 여러 종류의 수동태

(point 1) **진행형 수동태 : be being p.p.**

- The report <u>is being printed</u> now.
  (→능동태 : They are printing the report now.)
  그 보고서는 지금 인쇄되고 있다.

(point 2) **완료형 수동태 : have been p.p.**

1 Much of the story <u>has been forgotten</u>.
  (→능동태 : They have forgotten much of the story.)
  많은 이야기가 잊혀져 왔다.

2 Nobody in my class <u>has been invited</u>.
  (→능동태 : They have not invited anybody in my class.)
  내 반에서 어느 누구도 초대받지 못했다.

3 This equipment might <u>have been stored</u> for quite some time and could be old and dirty.
  (→능동태 : They might have stored this equipment for quite some time and could store this equipment old and dirty.)
  이 장비는 상당히 오랫동안 저장되었을 수 있고 낡고 더러워질 수도 있다.

(point 3) **조동사의 수동태 : 조동사 + be p.p.**

1 The damaged areas <u>could be restored</u>.
  (→능동태 : They could restore the damaged areas.)
  손상된 부위가 회복될 수 있다.

2 This noise <u>might not be heard</u> from a distance.
  (→능동태 : They might not hear this noise from a distance.)
  이 소음은 멀리서 들리지 않을지 모른다.

(point 4) **관계사절 속의 수동태**

- Thousands of people who <u>are dressed</u> in costumes will be on the streets.
  무대 복장을 입은 수천 명의 사람이 거리에 있을 것이다.

 **check point**

수동태(be p.p.) 뒤엔 원칙적으로 목적어가 오지 못한다. (Unit 6번 4형식, 5형식 동사는 예외)

1 The general shape and size of our body remains relatively constant while the cells within it are replacing.

2 The most valuable pearls are the round ones which are seeing in jewelry stores, but some are uneven or flat in shape.

---

1 replacing → being replaced : replace는 '~을 교체하다'라는 타동사로 목적어가 있어야 하는데 목적어가 없으므로 수동태를 써야 한다. be ~ing의 진행형이므로 진행형 수동태(be being p.p.)의 형태가 되어야 한다.

2 seeing→ being seen : see는 '~을 보다'라는 타동사로 목적어가 있어야 하는데 목적어가 없으므로 수동태를 써야 한다. are seeing은 목적어가 있어야 하는 능동이므로 진행형 수동태 are being seen이 맞다.

CHAPTER 2

특별한 동사 모음 (중요동사)

UNIT 1 본동사 + ~ + [to-V / ~ing]

point 1 spend(waste) + 시간·돈·노력 + [~ing] : ~하는 데 시간·돈·노력을 쓰다(낭비하다)

point 2 take + 시간 + [to부정사] : to부정사 하는 데 시간이 ~ 걸리다

point 3 have difficulty (a problem, a hard time) [~ing] : ~ 하는 데 어려움을 겪다

1 He spent most of his time <u>studying</u> English.
그는 영어 공부하는 데 그의 대부분의 시간을 보냈다.

2 It took 2 hours <u>to go</u> there.
거기 가는 데 두 시간이 걸렸다.

3 They have difficulty <u>overcoming</u> problems.
그들은 문제를 극복하는 데 어려움을 겪는다.

(point 1) 　사물주어 + be used to V : ~하는 데 사용되다

(point 2) 　사람주어 + be used to V-ing : ~하는 데 익숙하다

　　　　　= be accustomed to V-ing

(point 3) 　used to V : ~하곤 했다

1　A lot of energy is used to <u>lift</u> the machine.
기계를 들어 올리는 데 많은 에너지가 사용된다.

2　He is used to <u>telling</u> love to his daughter.
그는 딸에게 사랑을 말하는 데 익숙하다.

3　A very talkative girl used to <u>cause</u> a lot of trouble by saying things she shouldn't.
매우 수다스러운 소녀가 그녀가 해서는 안 되는 말을 해서 많은 말썽을 일으키곤 했다.

확인문제 📝

1　The steam engine reappeared only in 1698, when Thomas Savery invented a steam pump, which was used to [extract / extracting] water out of the coal mines.

2　Various techniques are used to [reduce / reducing] recovery time to the shortest possible interval.

3　My mother is used to [keep / keeping] a diary everyday.

1　extract : 주어가 which이므로 그 선행사를 본다. 선행사가 steam pump 사물이므로 '~하기 위해 사용되다'로 쓰이고 동사원형이 맞다.

2　reduce : 주어가 Various techniques 사물이므로 '~하기 위해 사용되다'로 쓰이고 동사원형이 맞다.

3　keeping : 주어가 mother 사람이므로 '~에 익숙하다'로 쓰이고 ~ing가 맞다.

point 1 make, think, believe, find, consider 같은 동사들은 개별적으로 다양한 어법에 사용될 수 있지만, [목적어 + 목적격 보어]가 오는 5형식에서 to-V 또는 명사절이 목적어로 오는 경우에는 반드시 가목적어 it을 목적어 자리에 쓰고 to-V나 명사절을 목적격 보어 뒤로 보낸다.

🔍 <u>make</u> + it(가목적어) + 목적격 보어(형용사) + to-V / that절(진목적어)
M, T, B, F, C

1 It makes <u>it</u> undesirable <u>to commit</u> to existing choices when making a decision.
그것은 결정할 때 기존의 선택에 전념하는 것을 바람직하지 못하게 만든다.

2 These students were victims of distractions who found it very difficult <u>to study</u> anywhere except in their private bedrooms.
이 학생들은 그들의 사적인 침실을 제외한 어디에서도 공부하는 것이 매우 어렵다고 생각했던 산만함의 희생자들이었다.

3 He thought <u>it</u> more efficient <u>to sort</u> the files by name.
그는 파일을 이름으로 분류하는 것이 더 효율적이라고 생각했다.

4 George thought <u>it</u> strange <u>that his name had not been called</u>.
George는 그의 이름이 불리지 않았었던 것을 이상하다고 생각했다.

5 Drinking this much coffee was making <u>it</u> hard for him <u>to sleep</u> at all.
이 많은 커피를 마시는 것은 그가 조금이라도 자는 것을 어렵게 만들고 있었다.

확인문제

1 We have to make it difficult [to send / send] flowers to anywhere on the very next day that they are ordered over the internet.

2 We find it [easy / easily] to remember the home runs.

3 Drawers in the bathroom and kitchen should have special devices that make [it / them] impossible for kids to open them.

---

1 to send : it이 가목적어이므로 진목적어 자리로 to V가 맞다.

2 easy : MTBFC 가목적어 패턴은 기본적으로 5형식이다. 앞에 find가 5형식 동사이므로 목적격 보어 자리에는 명사나 형용사가 와야 한다. 그러므로 답은 형용사.

3 it : MTBFC 동사가 나오고 뒤에 진목적어로 to V가 나왔으니 가목적어 it이 필요하다.

point 1 감각동사는 2형식 동사로 뒤에 오는 보어가 '~하게'로 해석되므로 부사가 올 것 같지만, 주격 보어로 반드시 '형용사'를 취한다.
감각동사 : feel, look, smell, sound, taste

1 He felt very <u>anxious</u> when he talked in front of many people.
많은 사람들 앞에서 말할 때 그는 매우 긴장감을 느꼈다.

2 She looks very <u>pretty</u> in her school uniform.
그녀는 학교 교복을 입으면 매우 예뻐 보인다.

3 It smells very <u>delicious</u>.
그것은 아주 맛있는 냄새가 난다.

확인문제 ▶ 어법상 어색한 곳을 바르게 고치시오.

1 I sounded unpleasantly when he advised me to do so.

2 The soup tastes bitterly.

3 The story sounds strangely.

1 unpleasantly → unpleasant : sound는 2형식 동사이므로 형용사 보어가 맞다.
2 bitterly → bitter
3 strangely → strange

CHAPTER 3

사역동사 & 지각동사

★★★ UNIT 1 사역동사 / 지각동사

point 1 **사역동사와 지각동사**

사역동사 : make, have, let

준사역동사 : get, help

지각동사 : see, watch, hear, touch, listen to 등

→ taste, feel, smell은 감각동사(2형식)로도 지각동사(5형식)로도 모두 쓰인다.

point 2 **목적어와 목적격 보어의 관계**

S V O O.C 의 5형식에서 가능한 패턴으로 목적어와 목적격 보어의 관계가 능동인지 수동인지(목적어가 보어의 행위를 하는지 당하는지) 판단한다.

---

❶ 목적어와 목적격 보어의 관계가 <u>능동일 때</u>
- 사역동사 : 목적격 보어 자리에 동사 원형이 온다.
- 준사역동사 : get → 목적격 보어 자리에 to 부정사가 온다.
  　　　　　　 help → 목적격 보어 자리에 to 부정사, 동사원형 둘 다 가능하다.
- 지각동사 → 목적격 보어 자리에 동사 원형 or 현재분사(V-ing)가 온다.

❷ 목적어와 목적격 보어의 관계가 <u>수동일 때</u>
- 앞의 동사에 상관없이 목적격 보어 자리에 과거분사(p.p.)가 온다.

---

1 She felt something <u>coming</u> toward her.
그녀는 무언가가 그녀 쪽으로 오는 것을 느꼈다.

2 I saw you <u>enter</u> the room.
나는 네가 방으로 들어가는 것을 보았다.

3 She made me <u>wait</u> outside the store.
그녀는 내가 가게 밖에서 기다리게 했다.

4 She saw me <u>taken</u> to the hospital.

그녀는 내가 병원으로 실려가는 것을 보았다.

5 She had it <u>fixed</u>.
그녀는 그것을 수리되게 했다.

확인문제 ✏️

1 I let him [clean / cleaning] the room.

2 I saw him [to run / running] along the beach in the morning.

3 He made the desk [paint / painted].

---

1 clean : 그가 방을 청소한다는 것이(목적어와 목적격 보어의 관계) 능동의 관계이고 앞에 사역동사가 있으므로 동사 원형이 맞다.
2 running : 그가 바닷가를 달린다는 것은 능동의 관계이고 앞에 지각동사가 있으므로 동사 원형이나 V-ing가 가능하다.
3 painted : 책상이 페인트칠 되는 것은 수동의 관계이므로 앞에 동사와 상관없이 과거분사가 맞다.

(point 1) **진목적어(to부정사)**

🔍 **make + it + OC + to부정사**

　　　　가·목　　　　진·목

● He made it easy for me <u>to study</u> English.

그는 내가 영어를 공부하는 것을 쉽게 만들었다.

(point 2) **make(사역동사) + 목적어 + 동사원형**

● She makes me <u>clean</u> the room.

그녀는 내가 방을 청소하도록 만들었다.

(point 3) **make + 목적어 + 형용사**

● All imperial powers have, directly or indirectly, made their languages <u>attractive</u>.

모든 제국의 열강들은 직간접적으로 그들의 언어를 매력적으로 만들었다.

(point 4) **사역(지각)동사의 수동태**

사역동사와 지각동사가 수동태(be p.p.)가 되면 목적격 보어는 동사원형에서 to부정사로 바뀐다.

● I made him study English.

→ He was made <u>to study</u> English by me.

나는 그가 영어를 공부하도록 만들었다.

(**확인문제**)

1 she was made [clean / to clean] her room by mother.

2 I was seen [cross /to cross] the street by my friend.

---

1 to clean : 사역동사나 지각동사에서 동사원형의 목적격 보어 자리는 수동태가 될 때 to-V로 바뀐다.

2 to cross : 지각동사에서 동사원형의 목적격 보어 자리는 수동태가 될 때 to-V로 바뀐다.

CHAPTER 4

자동사 & 타동사***

혼동하기 쉬운 자동사·타동사

❶ rise (자V) - rose - risen	오르다
raise (타V) - raised – raised	올리다
❷ lie (자V) - lay – lain	놓여 있다
lay (타V) - laid – laid	놓다
※ lie (자V) - lied – lied	거짓말하다
❸ sit (자V) - sat – sat	앉다
seat (타V) - seated – seated	앉히다
❹ arise (자V) - arose- arisen	발생하다
❺ arouse (타V) - aroused- aroused	불러 일으키다

목적어(명사)에 따른 자동사·타동사 구분

(point 1) 목적어(명사)가 없으면 <u>자동사</u>
목적어(명사)가 있으면 <u>타동사</u>

1 He [lay / **laid**] his hand on my shoulder.
그는 그의 손을 내 어깨 위에 놓았다.

2 She picked up her bag and [**rose** / raised] to leave.
그녀는 가방을 들고 떠나기 위해 일어났다.

3 The difficulty [**lies** / lays] in providing sufficient evidence.
어려움은 충분한 증거를 제공하는데 놓여 있다.

4 This evidence has [rose /**raised**] the problem of the cause of the 'ice ages.'
이 증거는 빙하 시대의 원인에 관한 문제를 일으켜 왔다.

확인문제 ✍️

1 Some psychologist think that the origin of jealousy [lies / lays] in biology.

2 The death toll of the Burside train crash [rose / raised] to four yesterday when John Philips, 32, of Petersville, died in Wallsend hospital. Another six people are still on the danger list.

3 Most of the world's major cities still [lie / lay] on the banks of rivers.

4 As he [lay / laid] his hand on the wound, it seemed that the pain I suffered passed into his hand. To my amazement, the wound was healed at once.

5 China has [raised / risen] the quality of life for the majority of its people.

1 lies : 뒤에 목적어가 없고 전치사 in이 있으므로 자동사(lie-lay-lain)가 맞다.
2 rose : 뒤에 목적어가 없고 전치사 to가 있으므로 자동사(rise-rose-risen)가 맞다.
3 lie : 뒤에 목적어가 없고 전치사 to가 있으므로 자동사가 맞다.
4 laid : 뒤에 목적어 his hand가 있으므로 타동사(lay-laid-laid)가 맞다.
5 raised : 뒤에 목적어 the quality가 있으므로 타동사가 맞다.

CHAPTER 5

감정동사***

 대표적 감정동사

- worry (걱정시키다)
- interest (~의 흥미를 끌다)
- surprise (놀라게 하다)
- annoy (짜증나게 하다)
- disappoint (실망시키다)
- shock (놀라게하다)
- frighten (겁먹게 하다)
- tire (피곤하게 하다)

- frustrate (좌절시키다)
- excite (흥분시키다)
- amuse (즐겁게 하다)
- astonish (깜짝 놀라게 하다)
- embarrass (당황시키다)
- move (감동시키다)
- horrify (두렵게 하다)
- terrify (겁나게 하다)

- satisfy (만족시키다)
- bore (지루하게 하다)
- amaze (놀라게 하다)
- confuse (혼란시키다)
- exhaust (기진맥진하게 하다)
- betray (감정을 드러내다)
- alarm (불안하게 하다)
- depress (우울하게 하다)

point 1   **감정동사 : 사람의 감정을 불러일으키는 동사**

point 2   **특징**
① 타동사
② '~하게하다, ~시키다'로 해석
③ 감정동사의 주체가 사물이면 V-ing
④ 감정동사의 주체가 사람이면 p.p. / V-ing 둘 다 가능
   ⇒ Betty is bored in the class. (학생인 Betty가 수업 시간에 지루함을 느끼는 것)
        Betty is boring in the class. (선생님인 Betty가 수업시간에 지루하게 가르치는 것)

point 3   **감정동사의 주체 기준**
① 주격 보어 위치 : 주어 기준 (You look <u>frustrated</u>.)
② 목적격 보어 위치 : 목적어 기준 (She made me <u>amused</u>.)
③ 명사 수식 위치 : 명사 기준 (The <u>boring</u> play...)

1   It was <u>amazing</u>.
그것은 놀라웠다.

2   she was <u>interested</u> in basketball.
그녀는 농구에 흥미로워했다.

확인문제 📝

1 She was [impressing / impressed] by his grand gesture.

2 The lesson was very [boring / bored].

3 Students [interested / interesting] in the president position will talk to their class-mates.

4 She was quite [satisfied / satisfying] that I was not going queer in my head.

---

1 impressed : 주체가 she 사람이므로 과거분사가 맞다.

2 boring : 주체가 the lesson 사물이므로 현재분사가 맞다.

3 interested : interest의 주체가 students이므로 과거분사가 맞다.

4 satisfied : 주체가 she 사람이므로 과거분사가 맞다.

PART 2

to부정사 & 동명사
(필수어법)

나만 몰랐던 to부정사 & 동명사 진짜 쉽게 푸는 법!

CHAPTER 1

to부정사

★★★
UNIT 1 ｜ 본동사 자리인지 준동사 자리인지 판단

(point 1) 본동사 자리인지 준동사 자리인지 판단 후, 준동사 자리라면 to부정사가 무조건 맞다. (to부정사는 동사를 제외한 모든 품사로 쓰일 수 있기 때문에)

1 Those extra hours Tom put in did nothing <u>to increase</u> his productivity because he went from one project to the next.
한 프로젝트에서 다른 프로젝트로 옮겨 다녔기 때문에 Tom이 쏟은 그러한 여분의 시간들은 그의 생산성을 증가시키는 데 아무것도 하지 못했다.

2 Doing the right thing means thinking about everybody else, using the emotional brain <u>to mirror</u> the emotions of strangers.
올바른 것을 한다는 것은 낯선 사람들의 감정을 반영하기 위해 감정적 뇌를 이용하면서 다른 모든 사람들에 대해 생각한다는 것을 의미한다.

3 <u>To gain</u> an unbiased account of pain perception it is wise to turn to evolutionary theory.
편향되지 않은 고통인식의 설명을 얻기 위해, 진화이론에 의존하는 것은 현명하다.

★
UNIT 2 ｜ 목적어로 to부정사만을 취하는 타동사

(point 1) to부정사만을 목적어로 취하는 타동사 (밑줄 친 단어는 출제 빈도 높음)
→ decide, ask, agree, <u>attempt</u>, expect, fail, want, wish, hope, promise, <u>refuse</u>, allow

1 Do you want to be treated by a doctor that refuses <u>to ask</u> for help when he isn't sure what course of action to take?
너는 그가 어떤 행동 과정을 취해야 할지 확신하지 못할 때 도움을 요청하길 거부하는 의사에 의해 치료받길 원하니?

point 1 독해할 때 헷갈릴 수 있는 표현 (밑줄 친 표현 유의)

❶ <u>manage</u> + to-V	간신히 ~하다
❷ <u>choose</u> + to-V	~할 것을 선택하다
❸ <u>come</u> + to-V	~하게 되다
❹ <u>happen(chance)</u> + to-V	우연히 ~하다
❺ <u>intend</u> + to-V	~할 의도이다
❻ <u>seek</u> + to-V	~하려고 노력하다
❼ <u>pretend</u> + to-V	~인체하다
❽ <u>fail</u> + to-V	~하지 못하다

★★★ UNIT 4 목적격 보어로 to부정사만을 취하는 동사

point 1 다음 동사는 목적격 보어 자리에 to부정사만 온다.

advise 조언하다	**allow** 허락하다	**ask** 요청하다	**cause** 원인이 되다
enable 할 수 있게 하다	**expect** 기대하다	**force** 강제로 시키다	**intend** 의도하다
invite 초대하다	**order** 명령하다	**persuade** 설득하다	**warn** 경고하다
permit 허락하다	**teach** 가르치다	**tell** 말하다	**want** 원하다
recommend 추천하다	**encourage** 격려하다	**beg** 간청하다	**urge** 충고하다

1 They asked children <u>to balance</u> wooden blocks on a narrow metal rail.
그들은 아이들에게 좁은 금속 레일 위의 나무 블록을 균형 맞추도록 요청했다.

2 The credit card companies usually allow customers <u>to pay</u> only a portion of the total bill.
신용카드 회사들은 대개 고객들이 총 청구서의 단지 일부만을 지불하도록 해준다.

1 She asked the shop assistants working in high-end designer stores [rating /to rate] two shoppers.

2 Technology enables people [seeing /to see] and participate in worlds beyond their own.

1 to rate : ask 목 to-V
2 to see : enable 목 to-V

UNIT 5 의미상의 주어

point 1 **It be + 형용사 + 의미상의 주어 + to-V**
to부정사의 의미상의 주어가 문장의 주어·목적어와 일치하지 않을 때는 to부정사 앞에 'for+목적격' 형태로 의미상의 주어를 밝혀 준다. 다만, 사람의 성질이나 특징을 나타내는 성격의 형용사가 오는 경우는 의미상의 주어로 'of+목적격'을 사용한다.

성격의 형용사 : kind, silly, mean, considerate, polite, impolite, generous, nice, foolish, stupid, careful, careless

1 It's hard <u>for you</u> to be a begger.
당신이 거지가 되는 것은 어려운 일이다.

2 It's silly <u>of you</u> to say so.
당신이 그렇게 말하는 것은 어리석다.

cf **동명사의 의미상 주어 : 소유격 사용**
<u>His</u> playing video games looks fun. (그가 비디오게임을 하는 것은 재밌어 보인다.)
Do you mind <u>my</u>(me) opening the window? (제가 창문 좀 열어도 괜찮을까요?)

1 It was very considerate [of him / for him] to reschedule the wedding since I might be unable to make it that day.

2 It is dangerous [for you / of you] to swim in this river.

1   of him : considerate이 '사려깊은' 이라는 뜻을 지닌 성격의 형용사이다.
2   for you : dangerous가 사람의 성격을 나타내지 않으므로 for 사용.

★ UNIT 6   to부정사의 부정

(point 1)   **to앞에 부정어 not 위치**

   cf   **not 과 no의 차이점 : not은 부사로 쓰이며, no는 형용사로 쓰인다.**

● My boss told me **not** to worry about the problem.
   내 상관은 그 문제에 관해 걱정하지 말라고 나에게 말했다.

   cf   My boss didn't tell me to worry about the problem.
      내 상관은 그 문제에 관해 걱정하라고 나에게 말하지 않았다.

★ UNIT 7   way to-V

(point 1)   **way to-V : ~하는 방법**
      = way of V-ing

1 The only way to conquer a fear is to face it.
   = The only way of conquering a fear is to face it.
      두려움에 맞서는 유일한 방법은 그것에 맞서는 것이다.

2 She has special way to smile.
   = She has special way of smiling.
      그녀는 특유의 미소짓는 방법이 있다.

★★ UNIT 8 — to부정사와 동명사의 구별

point 1 시제로 구별 : to부정사 (미래) / 동명사 (과거)
- forget (remember) + to부정사 : ~할 것을 잊다(기억하다) - 미래 : 안 한 것
- forget (remember) + 동명사 : ~한 것을 잊다(기억하다) - 과거 : 했던 것

point 2 시제와 뜻이 모두 달라짐
- regret + to부정사 : ~을 하려니 유감이다 (미래)
- regret + 동명사 : ~한 것을 후회하다 (과거)

point 3 뜻으로 구별
- stop + to부정사 : ~하려고(하기 위해) 멈추다
- stop + 동명사 : ~하기를 멈추다

- try + to부정사 : ~하려고 노력하다
- try + 동명사 : 시험 삼아 ~하다

★★ UNIT 9 — It takes + 시간·노력·돈 + to-V

point 1 It takes + 시간·노력·돈 + to-V : ~하는 데 시간·노력·돈이 들다

1 Sometimes it may take a lifetime to make the world around you change.
때때로 너의 주변 세상을 바꾸는 데에는 평생이 걸릴 지도 모른다.

2 It would take a lot of money to hire an experienced worker.
경력 직원을 채용하는 데는 많은 돈이 들 겁니다.

(point 1)   **to V : to-V 와 본동사의 시제가 동일할 때 사용**

1 I want <u>to help</u> an old people.
나는 노인을 도와주길 원한다.

2 She liked <u>to teach</u> some people in nursing home.
그녀는 양로원에서 사람들을 가르치는 것을 좋아했다.

(point 2)   **to have p.p. : to-V 의 행위가 본동사보다 먼저 일어났을 때 사용**

1 He seems <u>to have told</u> a lie.
그는 거짓말을 했던 것처럼 보인다. (보이는 것은 지금인데 거짓말을 하고 안 하고는 이전)

2 It is foolish of me <u>to have said</u> so.
내가 그렇게 말했던 것은 멍청한 것이다.

확인문제

1 Albertus Magnus, the teacher of Aquinas, is rumored [to have / to have had] a robot in his laboratory that could raise a hand and give a greeting.

2 Northern Song Dynasty is thought [to fall / to have fallen] because of it.

3 The Harry Potter series is known [to earn /to have earned] the U.K. a large amount of money so far.

1   to have had : '실험실에 로봇을 가졌다는 루머가 있었다'에서 로봇을 가졌다는 것이 더 먼저 일어난 일이기에 완료 시제를 쓴다.
2   to have fallen : ' ~망했다고 생각된다'에서 망한 일이 먼저 일어난 일이므로 완료시제를 쓴다.
3   to have earned : 알려진 것보다 영국에게 돈을 벌게 해준게 먼저 일어난 일이기에 완료시제를 쓴다.

CHAPTER **2**

동명사

★ UNIT 1 동명사를 취하는 타동사

point 1   동명사만을 목적어로 취하는 동사

finish 끝내다	**enjoy** 즐기다	**quit** 그만두다	**avoid** 피하다
admit 인정하다	**consider** 간주하다	**delay** 연기하다	**deny** 부정하다
dislike 싫어하다	**give up** 포기하다	**imagine** 상상하다	**involve** 포함하다
miss 놓치다	**postpone** 연기하다	**put off** 연기하다	**escape** 피하다
stand 참다	**suggest** 제안하다	**mind** 꺼려하다	**keep** 계속하다
risk 위험을 무릅쓰다	**recommend** 추천하다	**practice** 연습하다	**resist** 저항하다

★★ UNIT 2 동명사 관용적표현 (1)

point 1   **어법필수 : 어법 시험에 자주 나오며 독해에서도 중요하다.**
         독해필수 : 어법에는 자주 안 나오지만 독해 문제에는 자주 나온다.

① <u>have difficulty(trouble, a hard time, a difficult time)~ing</u>	~하는 데 어려움을 겪다. (어필)
② <u>spend(waste) time(money) ~ing</u>	~하는데 시간(돈)을 소비하다.(낭비하다)(어필)
③ **It is no use ~ing**	~하는 것은 소용이 없다 (독필)
④ **There is no ~ing**	~하는 것은 불가능하다 (독필)
⑤ **It goes without saying that ~**	~은 말할 필요도 없다 (독필)
⑥ **come near ~ing**	~할 뻔하다
⑦ **never … without ~ing**	~하면 반드시 ~하다 (독필)
⑧ **feel like ~ing**	~하고 싶다 (독필)
⑨ <u>cannot help ~ing</u> (= cannot but + V, have no choice but to V)	~하지 않을 수 없다 (독필)
⑩ <u>be far from ~ing</u>	결코 ~않다 (독필)
⑪ <u>be busy ~ing</u>	~하느라 바쁘다 (독필)
⑫ <u>end up ~ing</u>	결국 ~되다 (독필)

① <u>look forward to ~ing</u>	~을 학수고대하다 (어필)
② <u>devote oneself to ~ing</u>	~에 헌신하다 (어필)
③ What do you say to ~ing?	~하는 게 어때요?
④ <u>object to ~ing</u>	~에 반대하다
⑤ <u>resort to ~ing</u>	~에 의존하다 (독필)
⑥ <u>contribute to ~ing</u>	~에 기여하다 (독필)
⑦ fall to ~ing	~하기 시작하다
⑧ commit oneself to ~ing	~하기로 하다
⑨ be opposed to ~ing (= object to ~ing)	~에 반대하다
⑩ confess to ~ing	~을 고백하다
⑪ <u>when it comes to ~ing</u>	~에 관해서 말하자면 (독필)
⑫ apply oneself to ~ing	~에 진념하다
⑬ have an objection to ~ing	~에 반대하다
⑭ with a view to ~ing	~할 목적으로
⑮ reply to ~ing	~에 답하다
⑯ respond to ~ing	~에 응답하다
⑰ add to ~ing	~을 더하다
⑱ in addition to ~ing	~뿐만 아니라

▶ 총 12시제가 있으나 시험에 빈출되는 시제는 완료시제(현재완료)이다.

단순	완료	진행
1.현재	4.현재완료 (have p.p.)	7.현재진행 / 8.현재완료진행
2.과거	5.과거완료 (had p.p.)	9.과거진행 / 10.과거완료진행
3.미래	6.미래완료 (Will have p.p.)	11.미래진행 / 12.미래완료진행

PART 3

시제

이것보다 쉽고 확실한 시제 풀이법은 보지 못했다!

point 1 **현재 시제**
    ① 현재의 사실, 습관　　　② 불변의 진리
    ③ 속담, 격언　　　　　　④ 시간, 조건의 부사절

point 2 **과거 시제 : 역사적 사실**

★★★
UNIT 2 과거 동사 / have(had) p.p.

point 1 **과거 시제 (시점)** : when ~, ago, last ~, in 2001, yesterday

point 2 **완료 시제 (기간)** : for ~, since ~, before

point 3 **대과거용법 : 과거 이전의 사실 → had p.p.**

1 He realized that he <u>had been</u> tricked again.
그는 그가 또다시 속았다는 것을 깨달았다.

2 The elevator <u>has broken</u> down since this morning.
엘리베이터는 오늘 아침 이후로 고장나 있었다.

3 Matt will soon graduate from college. He <u>has worked</u> toward his degree for five years.
Matt은 곧 대학교를 졸업할 것이다. 그는 5년 동안 학위를 위해 공부해왔다.

4 Since Fosbury set a new Olympic record at 2.24 meters in 1968, displaying the potential of the new technique, the "Fosbury flop" <u>has been</u> the most popular high jumping technique.
Fosbury가 새로운 기술의 잠재력을 드러내면서 1968년에 2.24미터의 새로운 올림픽 기록을 세운 이래로 'Fosbury flop'은 가장 인기 있는 높이뛰기 기술이었다.

확인문제

1 Since it manufactured its first car in 1995, korea [grew / has grown] to be the sixth largest automobile producer in the world.

2 That omelet cannot be fresh, as I know the eggs [were laid / have been laid] at least three weeks ago.

3 The supervisor [worked / had worked] with us for seven years when he suddenly announced his resignation.

4 The only way to find out about the experiences of humanity was to read what [was written / had been written].

▶ 어법상 어색한 곳을 바르게 고치시오.

5 Four fires have occurred in this city last night.

6 He has won four gold medals in the 2004 Olympics.

1 has grown : 앞에 ~이후로 since가 있으므로 완료 시제가 맞다.
2 were laid : ago가 있으므로 과거 시제가 맞다.
3 had worked : 사임했을 때 보다 일한 것이 먼저 일어난 일이고 사임했을 때는 과거 시점이니 그 전시점 과거 완료 시제가 맞다.
4 had been written : 쓰여진 것이 읽는 것보다 먼저 일어난 일이고 읽는 것이 과거이므로 그 전 시점 과거 완료 시제가 맞다.
5 have occurred → occurred : last night이란 과거 시점을 나타내는 표현이 있으므로 과거 시제가 맞다.
6 has won → won : 2004 올림픽이라는 표현으로 과거 시제가 맞다.

UNIT 3 시간과 시제의 불일치

point 1 시간(when, before, after, until)과 조건(if, unless)의 부사절에서는 현재(완료)시제가 미래(완료) 시제를 대신한다.

1 When you <u>take</u> the test, you will be asked a series of question.
너가 테스트를 볼 때, 너는 연속된 질문을 받게 될 것이다.

2 When an adequate amount of water <u>becomes</u> available to a formerly stressed plant, it will increase its production of foliage.
이전에 스트레스를 받았던 식물에게 적당한 양의 물이 공급될 때, 그것은 잎의 생산을 증가시킬 것이다.

check point

시제는 총 12시제가 있다. 그중 시험에 단골로 출제되는 것은 **현재완료**이고, 그다음은 과거완료, 과거 시제 정도다. 나머지는 이런 것이 있구나 하는 정도로 참고만 하자.

 확인문제

1 Unless the sound [comes / will come] from exactly in front or in back of the owl, it will reach one ear first.

2 In the business world, sellers will do well when they [will put / put] themselves in their customers' shoes.

3 Your bones will keep growing until you [reach / will reach] your full height.

---

1 comes : unless라는 조건의 부사절이 나왔으므로 현재가 미래를 대신한다.
2 put : when이라는 시간의 부사절이 나왔으므로 현재가 미래를 대신한다.
3 reach : until이라는 시간의 부사절이 나왔으므로 현재가 미래를 대신한다.

PART 4

수의 일치
(필수어법)

영어하는 사람들 95%가 모르는 수의 일치 풀이법!

UNIT 1 ★★★ 주어 – 부정사, 동명사, 명사구(절)

point 1 **주어로 사용된 구와 절은 한 덩어리로 단수 취급한다.**
→ to V, V-ing, what ~, that ~, who ~, where ~, how ~ : 단수 취급

1 <u>To play</u> by the water is dangerous.
물가에서 노는 것은 위험하다.

2 <u>What we wanted</u> was your sincerity.
우리가 원했던 것은 너의 진심이었다.

확인문제 ▶ 어법상 어색한 곳을 바르게 고치세요.

1 What we do depend on you.

2 Purchasing designer goods [enable / enables] people to hide behind an image created by someone else.

---

1 depend → depends
2 enables : 주어가 purchasing 동명사이므로 단수가 맞다.

★★★ UNIT 2 | 주어 – 부분사 + of + 명사

(point 1) **부분사 : 분수, %, most, some, the rest, all, majority, part**

(point 2) **of 뒤의 명사에 동사를 일치시킨다.**

1 Some of <u>the books</u> <u>have</u> been written by students themselves.
책들 중 몇몇은 학생들 자신에 의해 쓰여졌다.

2 Two-thirds of <u>the ocean</u> <u>was</u> polluted by urbanization.
바다의 3분의 2가 도시화에 의해 오염되었다.

확인문제

1 Some of the ideas to build a sports complex and host international games in the city [was / were] quite creative.

2 Since most of the manufacturing process [was / were] conducted by manual labor, the instruments were too expensive for the common people.

3 The second part of the session [was / were] dedicated for the presentation of scientific papers by the panel members.

---

1 were : some이 부분사이므로 of 뒤에 ideas에 수를 맞춘다.
2 was : most가 부분사이므로 of 뒤에 the manufacturing process에 수를 맞춘다.
3 was : part가 부분사이므로 of 뒤에 the session에 수를 맞춘다.

UNIT 3 복수 형태 → 단수 취급

point 1 복수 형태지만 단수 취급하는 것들

① 국가명 : the United States, Netherlands

② 병명 : measles, diabetes

③ 학과명 : statistics (통계학→단수취급 / 통계자료→복수취급)

　　　　　 politics (정치학→단수취급 / 정치상황→복수취급)

④ 기타 : news

UNIT 4 the number of / a number of

point 1 The number of + 복수명사 + 단수동사 : ~의 수

point 2 A number of + 복수명사 + 복수동사 : 많은

1 The number of foreigners interested in the korean language has increased dramatically over the past few years.

한국어에 관심 있는 외국인들의 수는 지난 몇 년 간에 걸쳐 급격하게 증가했다.

2 A number of students facing difficulties in their school life are asking help from their parents although they say they aren't.

학교에서 어려움에 직면하는 많은 학생들은 그들이 그렇지 않다고 말할지라도 그들의 부모에게 도움을 요청하고 하고 있다.

확인문제

1 The number of students who lack proficiency in math [are / is] very surprising.

2 In the last 10 years, the number of children in low- income families [has / have] been steadily increasing.

---

1 is : 주어가 the number 이므로 단수가 맞다.

2 has : 주어가 the number 이므로 단수가 맞다.

상관접속사로 연결된 주어

(point 1) 동사에 가까운 것을 기준으로 일치 : as well as는 예외

(point 2) 유형 : B를 기준으로 동사를 일치

① not only A but also B = B as well as A : A뿐만 아니라 B도

② not A but B : A가 아니라 B

③ either A or B : A와 B 둘 중 어느 하나

④ neither A nor B : A도 B도 아니다

⑤ (Both) A and B + 복수동사 : A, B 둘 다

수식어를 동반하는 주어

(point 1) 수식어를 동반하는 주어는 수식어를 무시하고 진짜 주어에 수를 일치
→ 일반적으로 '문장의 첫 명사'가 주어이고, 이것에 수를 일치시킨다.

〈수식어〉

S +
❶ 관계사절
❷ (관계대명사+be) 형용사구
❸ (관계대명사+be) p.p.
❹ v-ing(~하는, ~한)   + V
❺ to - inf (~할)
❻ [전치사 + 명사] 구
❼ 동격의 that 절

1 <u>A battery</u> that has not been used for several months <u>needs</u> to be charged at least for 14 hours before use.

몇 달 동안 사용되지 않았던 건전지는 사용하기 전에 적어도 14시간 동안 충전될 필요가 있다.

2 <u>Leaves</u> bright with rain <u>are</u> a joy to behold.

비로 반짝이는 나뭇잎은 보기에 즐겁다.

3 The files attached to the e-mail seem to be infected with a virus.
e메일에 첨부된 파일들이 바이러스에 감염된 것 같다.

4 My hands holding the gun begin to tremble from the fear.
총을 들고 있는 내 손은 두려움으로 떨기 시작한다.

5 Parts to be replaced are marked with special tags.
대체된 부품은 특수 태그로 표시된다.

6 The effect on our children is tremendous.
우리의 아이에 대한 영향은 엄청나다.

7 The rumor that the company would shut down has been proved false.
회사가 폐쇄할 거라는 루머는 거짓으로 판명되었다.

확인문제

1 During training, diverse skills that are necessary for the job [is / are] acquired by new officers.

2 A way to get things done more efficiently and get better results [is / are] to do the right thing at the right time of day.

3 Essentially self-interested motives such as prestige, promise of better health or taste [compensates / compensate] for the higher price paid.

4 Recent work has found that people with less numeric literacy (numeracy) [tends / tend] to extract very different meaning from data, such as interpretation of expected likelihoods, than those with higher numeracy.

▶ 밑줄 친 단어의 적절한 어형을 쓰시오.

5 Many people who live in this part of the world be likely to be worried again with the beginning of the cold weather.

6 One of the major instruments of torture in college education be the examination.

1 are : 주어가 skills이므로 are이 맞다.

2 is : a way가 주어이므로 is가 맞다.

3 compensate : motives가 주어이므로 compensate이 맞다.

4 tend : people이 주어이므로 tend가 맞다.

5 are : people이 주어이다.

6 is : one이 주어이다.

UNIT 7 ★★ 부사(구)가 문두로 나오는 도치구문

point 1 부사구(전치사구)가 문두에 오면 동사와 주어의 순서가 바뀌는 도치가 일어난다.
이 경우 부사구(전치사구)가 아닌, 도치된 주어에 수일치시킨다.

● Under the table <u>were</u> <u>several mouse traps</u>, and I stepped on one of them.
테이블 아래에는 쥐덫이 몇 개 있었다. 그리고 나는 그 중 하나를 밟았다.

확인문제

1 Inside the shell [is / are] the oyster's mouth, heart, and stomach.

2 On the hill [stand / stands] tall and white walls.

1 are : 부사구가 강조하기 위해 문두로 나왔기 때문에 mouth, heart, stomach이 주어이다.

2 stand : 부사구가 문두에 와서 동사와 주어의 자리가 바뀌는 도치가 일어났다. 주어가 walls이므로 답은 복수 동사 stand가 맞다.

★ each·every / both / the 형용사(~한 사람들)의 수일치

(point 1) each 자신이 문장의 주어일 때(each는 대명사)는 단수 취급

(point 2) each의 수식을 받는 주어(each + N)는 단수 취급

(point 3) every의 수식을 받는 주어(every + N)는 단수 취급

(point 4) both가 주어일 때는 복수 취급

(point 5) the 형용사(~한 사람들)가 주어일 때는 복수 취급

1 Each of the paragraphs <u>is</u> joined together by a transition word, phrase or sentence.
단락의 각각은 연결어, 구, 문장에 의해서 연결된다.

2 Each moment with you <u>is</u> just like a dream to me.
너와의 매 순간(모든 순간)이 나에게 단지 꿈과 같다.

3 Every change in business applications <u>has</u> global impact and a high cost.
사업 응용의 모든 순간이 세계적인 영향과 높은 비용을 가진다.

4 The lens of the camera are similar to those of the human eye : both <u>are</u> damaged by directly peering the light.
카메라의 렌즈와 인간의 렌즈는 유사하다. 둘 다 빛을 직접 응시함으로써 손상된다.

5 Do you think that the rich <u>are</u> happier than the poor?
너는 부유한 사람들이 가난한 사람들보다 더 행복하다고 생각하니?

PART 5

관계사 & 접속사

이렇게 쉬운 관계사 & 접속사 문제를 매번 틀리면서 잠이 오나요? ✏️

CHAPTER 1

관계대명사

★ 반드시 알아 두어야 할 것

　　1. 관계대명사절은 주어나 목적어가 빠져 있는 불완전한 구조이다. ★★★

　　2. 관계대명사절의 동사는 선행사와 수일치한다. ★★★

　　3. 관계대명사의 격은 관계사절에 빠져 있는 문장요소로 결정한다.

　　4. 관계대명사 that 앞에는 전치사와 콤마(,)가 올 수 없다. ★★★

UNIT 1　　관계대명사의 종류

★ 관계대명사는 앞에 오는 선행사(명사)를 수식하며, '접속사+대명사' 역할을 한다.

선행사 \ 격	주격 (뒤에 동사가 옴)	소유격 (뒤에 명사가 옴)	목적격 (뒤에 S+V가 옴)
사람	who	whose	whom(who)
사물·동물	which	whose (of which)	which
사물·동물·사람	that	X	that
X	what	X	what

point 1　**문제 풀이 skill**

　① 관계대명사 <u>앞부분에서 선행사</u>를 파악한다.

　② 관계대명사 <u>뒷부분에서 격</u>을 파악한다.

point 2　**격의 선택 문제 skill**

　① 주격 = 관계대명사 + v

　② 소유격 = 관계대명사 + 명사

　③ 목적격 = 관계대명사 + S + V (S는 대명사 또는 the + 명사)

1　He is the carpenter <u>who</u> built this temple.

　그는 이 절을 지었던 목수이다.

2 He is the one <u>who(m)</u> I can trust.
그는 내가 믿을 수 있는 사람이다.

3 A baby is an angel <u>whose</u> wings decrease as his or her legs increase.
아기는 그들의 다리가 자라날 때 날개가 줄어드는 천사다.

확인문제

1 Sidewalks bustle with bankers and stockbrokers [whose / whom] decisions affect individuals, corporations, and even our nation's economy.

2 We are going to meet the author [who / whose] story moves the hearts of people.

3 The balloon moves with air [who / which] moves with Earth.

---

1 whose : 관계사 뒤에 명사 decisions가 나오므로 소유격 관계대명사 whose가 맞다.
2 whose : 관계사 뒤에 명사 story가 나오므로 소유격 관계대명사 whose가 맞다.
3 which : 선행사가 사물(air)이고 뒤에 동사가 나오므로 주격 관계대녕사 which가 맞다.

★★★ UNIT 2   that / what

★ **what의 성격**
   ① 앞에 선행사가 없고, 뒤 문장이 불완전하다.
   ② 문장에서 명사 역할(주어, 목적어, 보어)을 한다.

(point 1)   **1단계 : 선행사(명사) 유무 확인**
   ① 선행사가 있으면 → that(관계대명사)이 정답 : what 앞에는 선행사가 없으므로
   ② 선행사가 없으면 → 2단계로 뒤 문장을 확인

(point 2)   **2단계 : 뒤 문장 확인**
   ① 뒤 문장이 완전한 문장 → that(접속사)
   ② 뒤 문장이 불완전한 문장 → what(관계대명사)

point 3 한마디로 what의 특징은 앞에 선행사가 없고, 뒤 문장이 불완전한 것이다.
그러므로 시험에서 what에 밑줄이 있는 경우는 우선 선행사 여부를 확인하고 뒤 문장이
불완전한지를 확인한다.

 **check point** ── **완전한 문장 · 불완전한 문장**

대부분 학생들은 위의 공식을 알면서도 틀린다. 공식을 알고도 틀리는 이유는 실제 문제에서 뒤 문장이
완전한지 불완전한지를 정확히 파악하지 못해서이다.

완전한 문장은 해석을 했을 때 깔끔한 문장(1형식~5형식을 갖춘 문장)이고, 불완전 문장은 해석을 했을
때 무언가 빠진 어색한 문장을 의미한다.

❶ **완전한 문장**
  - 수동태 문장(be p.p.)은 무조건 완전한 문장이다. (1~3형식)
  - S+be동사 패턴의 문장은 완전한 문장이다. (보통 2형식)
  - S+동사+목적어 패턴은 완전한 문장이다.

❷ **불완전한 문장**
  - 주어가 빠져 있는 문장
  - 목적어가 빠져 있는 문장 (전치사 뒤에 목직어가 없는 경우도 마찬가지임)

---

1 I can't believe <u>what</u> I've just seen. (what : 목적어 없는 불완전한 문장)
나는 내가 방금 본 것을 믿을 수 없다.

2 My confidence came from knowing <u>what</u> I liked and discovering that I was right
most of the time. (what : 목적어 없는 불완전한 문장)
나의 자신감은 내가 좋아하는 것을 아는 것과 내가 대개 옳았다는 것을 알아내는 것으로부터 나왔다.

3 One cool thing about my Uncle Arthur was <u>that</u> he could always pick the best
places to camp. (that : 주어 동사 목적어가 있는 완전한 문장)
나의 삼촌 Arthur의 멋진 점은 그가 항상 캠핑 할 가장 좋은 장소를 고를 수 있다는 것이었다.

4 She told me <u>what</u> we wondered. (what : 목적어 없는 불완전한 문장)
그녀는 우리가 궁금해 했던 것을 나에게 말했다.

5 <u>What</u> bothers me is <u>that</u> I can't get this program to start.
(what : 주어 없는 불완전한 문장) (that : 주어 동사 목적어가 있는 완전한 문장)
나를 괴롭히는 것은 내가 이 프로그램을 시작할 수 없다는 것이다.

1 Abstraction enriches meaning by helping you to take a collection of examples and to see just [what / that] is essential about dogness.

2 Cellular phone manufacturers are anxious to bring out models [that / what] allow you to see the person you are talking to.

3 It is not clear what someone might mean by saying [what / that] these extinct species had an unsustainable life process because they did not survive a meteor impact.

4 We can live happily together if we see the world with the eye of family members and understand [that / what] lies in their mind.

5 You'll find that what is more important than the name value of the school is [what / that] you get out of your education.

6 Wrinkles on this side express the strong emotions [what / that] we have experienced in our lives.

---

1   what : 앞에 명사가 없고 뒤 문장이 주어가 빠진 불완전한 문장이다.

2   that (관) : 앞에 models라는 명사가 있고 뒤 문장은 주어가 빠진 불완전한 문장이다.

3   that (접) : 앞에 명사가 없고 뒤 문장이 완전한 문장이므로 접속사 that이 맞다.

4   what : 앞에 명사가 없고 뒤 문장이 주어가 빠진 불완전한 문장이다.

5   what : 앞에 명사가 없고 뒤 문장이 목적어가 빠진 불완전한 문장이다.

6   that(관) : 앞에 명사가 있고 뒤 문장이 목적어가 빠진 불완전한 문장이다.

UNIT 3 which / what

point 1 선행사 유무로 판단한다.
① 선행사가 있으면 → which
② 선행사가 없으면 → what

확인문제

1 His mind is in a state of relaxed alertness, open to all relevant changes in the situ-
ation [which / what] he is concentrating on.

---

1 which : 앞에 명사가 있고 뒤 문장은 전치사 뒤에 목적어가 없는 불완전한 문장이다.(전치사 뒤에는 반드시 명사가 와
야 한다.)

UNIT 4　which / that

★ **뒤 문장이 완전한지, 불완전한지 확인한다.**

(point 1)　뒤 문장이 완전한 문장 → that(접속사)이 정답

(point 2)　뒤 문장이 불완전한 문장 → 이 경우 which나 that 앞에 전치사나 콤마(,)가 있는지 확인. 관계대명사 that은 전치사나 콤마(,)와 함께 쓰일 수 없으므로, 전치사나 콤마가 있으면 **which가 정답**

    ① 전치사 + that(관계대명사) → 불가
      → <예외> in that(접속사) + 완전한 문장 : ~라는 점에서
    ② ,(콤마) + that(관계대명사) → 불가

● We allow ourselves to be vulnerable <u>in that</u> we allow ourselves to need the other person. (접속사 that)
우리는 우리 스스로 다른 사람을 필요로 한다는 점에서 우리 자신을 취약하게 한다.

확인문제

1 Hope, [which / that] seems like the internet little thread, is an incredibly powerful force leading us from the most horrible problems into a bright new day.

2 Susan's smile is always big, showing off all her original teeth, [which / that] are still in good condition.

---

1 which : 뒤 문장이 주어가 없는 불완전한 문장이므로 관계사가 맞다. 그런데 콤마와 관계사 that은 함께 쓸 수 없다.
2 which : 뒤 문장이 불완전하고 앞에 콤마가 있으므로 that은 쓸 수 없다.

관계부사

★ 꼭 알아 두어야 할 것
1. 관계대명사와 달리 관계부사 뒤에는 완전한 문장이 온다. ★★★
2. 관계부사(where, when , why)는 앞의 선행사를 생략할 수 있다.
3. 관계부사(where, when, why)는 선행사는 그대로 두고 관계부사를 생략할 수 있다.
4. 관계부사 how는 선행사 the way와 함께 쓰일 수 없다.

UNIT 1 관계부사의 종류와 전치사

point 1 관계부사의 종류

	선행사	관계부사	전치사 + 관계대명사
장소	the place / the country 등	where	at / in / to which
시간	the time / the year / the month 등	when	at / in / on which
이유	the reason	why	for which
방법	the way	how	in which

● 관계부사 how는 선행사 the way와 함께 쓰일 수 없다. ⇒ ①the way ②how ③the way in which의 세 형태 중 하나로만 쓰인다. the way how는 사용 불가!

1 He knows the place <u>where</u> I was born.
그는 내가 태어난 장소를 안다.

2 He marked the spot <u>where</u> the needle would be going through.
그는 바늘이 통과할 장소를 표시했다.

3 Remember the day <u>when</u> we feared nothing.
우리가 어떤 것도 두려워하지 않았던 날을 기억해라.

point 2 관계사와 전치사

① This is the house which I live in. (O) · This is the house + I live in the house

76 | JK 영어어법

② This is the house in which I live. (O) → 전치사(in)가 관계대명사 앞으로 갔다.

③ This is the house where I live. (O) → 전치사+관계대명사를 관계부사(where)로 바꾸었다.

④ This is the house I live. (O) → 관계부사는 생략 가능하다.

⑤ This is the house in where I live. (×) → 관계부사(where) 앞에 전치사가 올 수 없다.

⑥ This is the house where I live in. (×) → 관계부사(where)에는 전치사가 포함되어 있으므로 또 전치사를 쓰지 않는다.

⑦ This is the house in which I live in. (×) → 관계대명사(which) 앞에 이미 전치사가 있으므로 다시 전치사를 쓰지 않는다.

⑧ This is the house which I live. (×) → 관계대명사 뒤에는 불완전한 문장이 연결 되어야 하는데, I live라는 완전한 문장이 왔으므로 틀렸다.

★★★ UNIT 2   관계대명사 / 관계부사 (전치사 + 관계대명사)

(point 1) **뒤 문장으로 판단**
① 관계대명사 + 불완전한 문장
② 관계부사 + 완전한 문장

(point 2) **완전한 문장을 유도할 수 있는 경우**
→ 접속사, 의문사, 관계부사 (전치사+관계대명사)

(point 3) **무조건 완전한 문장으로 봐야 하는 경우**
① 수동태 (S + be p.p.) (1~3형식)
② 주어 + be동사 (보통 2형식)
③ 주어 + 동사 + 목적어 (S + V + 명사)

☞ check point   완전한 문장·불완전한 문장

뒤 문장이 완전한지 불완전한지를 실전에서 정확히 구별하는 것이 가장 중요하다. 어법적으로 보면 1형식~5형식의 형태를 갖춘 문장이 완전한 문장이다. 쉽게 생각해서 해석했을 때 깔끔하게 이해되면 완전한 문장이다.

1 Scientists wanted to learn more about what happens <u>where</u> the warm ocean water meets the air in a hurricane.

과학자들은 따뜻한 해수가 허리케인 속 공기를 만나 어떤 일이 일어날지에 관해 더 많이 배우기를 원했다.

2 According to the study, violence and property crimes occurred twice in apartment blocks <u>where</u> trees were few.

연구에 따르면 폭력과 재산 범죄는 나무가 거의 없는 아파트 블록에서 두 배 일어났다.

확인문제

1 It is fun to look in the philosophy section in libraries and bookshops, since a large number of books [which / where] one finds there have little or nothing to do with academic philosophy at all.

2 Nevertheless, the consumption of travel services cannot be separated from the social and economic relations [which / in which] they are embedded.

3 The array of species in the ocean died. Death Valley simply gave up as a phenomenon of nature [which / where] there was an outlet and no inlet.

4 This is only one instance [which / where] it was not safe to eat genetically engineered foods.

5 A market may be a place [where / which] buyers put their money down and carry away whatever it is they have bought - groceries from a supermarket, for example.

---

1 which : 뒤 문장이 find의 목적어가 빠져 있는 불완전한 문장이다.

2 in which : 뒤 문장이 수동태 문장으로 완전한 문장이다.

3 where : 뒤 문장이 완전하다. (there is/are 1형식)

4 where : 뒤 문장이 가주어 진주어 형태로 완전하다.

5 where : 뒤 문장이 주어 동사 목적어 형태로 완전하다.

CHAPTER 3

접속사 & 전치사 & 특수구문

★★ UNIT 1 접속사 / 전치사

(point 1) 접속사(구) + S + V ……, S + V …

(point 2) 전치사(구) + 명사, S + V ……

---

although (접) + S + V
in spite of (전) + 명사 = despite + 명사

---

while (접) S + V
during (전) + 명사

---

because (접) + S + V
because of (전) + 명사

확인문제

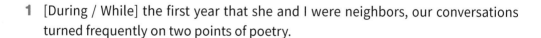

1 [During / While] the first year that she and I were neighbors, our conversations turned frequently on two points of poetry.

2 [Despite / Although] a person's good looks may get our attention, it is not an impression that necessarily lasts.

3 Tom Mcdonald had a gift of talking. He had become a successful businessman [because / because of] his gift.

---

1 during : 뒤에 명사 the first year가 나오므로 전치사 사용

2 Although : 뒤에 절(주어 동사)가 나오므로 접속사 사용

3 because of : 뒤에 명사 his gift가 나오므로 전치사 사용

point 1   between / among : ~사이에 (둘 사이 / 셋 이상 사이)
point 2   by / until : ~까지 (한 번만 하는 것 / 계속 하는 것)
point 3   for / during : ~동안 (시간의 길이 / 내용의 길이)
point 4   beside / besides : ~옆에 / ~이외에

1 Are there any public holidays <u>between</u> Christmas and Easter?
The girl quickly disappeared <u>among</u> the crowd.
크리스마스와 부활절 사이에 공휴일이 있니?
소녀는 대중 사이로 빠르게 사라졌다.

2 The documents need to be ready <u>by</u> next Friday.
<u>Until</u> recently, Anna worked as a teacher in Japan.
서류는 다음 주 금요일까지 준비될 필요가 있다.
최근까지, Anna는 일본에서 선생님으로 일했다.

3 Put the pie in the oven and bake <u>for</u> 45 minutes.
Foxes remain hidden <u>during</u> the day.
파이를 오븐에 넣고 45분 동안 구워라.
여우들은 낮동안 숨겨져 있다.

4 I was standing right <u>beside</u> her at the time.
People choose jobs for other reasons <u>besides</u> money.
나는 그때 그녀 바로 옆에 서 있었다.
사람들은 돈 이외의 이유로 직업을 선택한다.

확인문제

1 [For / During] a regular examination a doctor checks weight, vision and hearing problems, blood pressure, and so on.

2 The night before the reading, people began to line up in front of the auditorium. [By / Until] morning, the streets were campgrounds with men, women and children sitting or sleeping on blankets.

3 Now, whenever the lilacs bloom in the park, I can almost feel my grandma [beside / besides] me.

4 The golfer demanded that all the PGA tour participants should be allowed to choose [between / among] riding and walking when traveling to and from golf course.

---

1 during : 정기적 검진 동안. 즉, 내용의 길이
2 until : 아침까지라는 것은 아침까지 계속이라는 뜻
3 beside : 문맥상 옆에라는 뜻
4 between : riding and walking 둘 사이

★★★ UNIT 3 병렬 구조

(point 1) 등위접속사로 연결된 어구의 병렬구조

- One extreme example is that a part-timer can quit working and <u>receive</u> more money as an unemployed person.
  하나의 극단적 예는 시간제 근무 직원이 일하는 것을 그만두고 실업자로써 더 많은 돈을 받을 수 있다는 것이다.

(point 2) 상관 접속사로 연결된 어구의 병렬구조

- Simple machines are a part of our everyday life both on Earth and in space. Either underdosing or <u>overdosing</u> can be harmful.
  단순 기계는 지구와 우주 둘 다에서 우리 일상생활의 한 부분이다.
  저복용이거나 과복용은 둘 다 해로울 수 있다.

(point 3) 비교 대상의 병렬구조

- Using a mobile phone while driving can be more dangerous than <u>drinking and driving</u>.
  운전하는 동안 핸드폰을 사용하는 것은 음주 운전하는 것보다 더 위험할 수 있다.

(point 4) 대조 대상의 병렬구조

- Knowing is quite different from <u>teaching</u>.
  아는 것은 가르치는 것과 매우 다르다.

1 Recent research is helping to clarify the important role that self-esteem plays in our ability to take risks, learn new skills, deal with others fairly and benevolently, and [is / be] productive and assertive.

2 Our goal is to respect the artist's intent, but at the same time [making / to make] it a visually coherent work of art.

3 In the Metro, you have to open the doors yourself by pushing a button, depressing a lever or [slide / sliding] them.

4 Media aggregators would thrive on selling niche content rather than [focusing / focus] solely on blockbuster hits.

   ● aggregator: (여러 회사의 상품을 모아 한꺼번에) 제공하는 웹사이트[업체]

5 The morality of ordinary life requires us to regard others as autonomous beings and [respect / respects] their choices.

---

1 be : to take~, learn, deal, be (to 생략)

2 to make : to respect와 병렬

3 sliding : pushing과 병렬

4 focusing : selling과 병렬

5 respect : to regard와 병렬 (해석상 주체가 morality가 아니라 us이다.)

UNIT 4 간접 의문문·감탄문의 어순

★ 간접의문문은 의문사+주어+동사의 어순이다. 다음의 경우에 유의해야 한다.

(point 1) 일반적인 간접의문문의 어순 : 의문사 + 주어 + 동사

- I wonder why she is so mean to me.
  나는 그녀가 나에게 왜 그렇게 심하게 대했는지 궁금하다.

(point 2) 특수한 간접의문문의 어순

① 의문형용사를 포함하는 의문사의 경우 의문형용사+명사를 하나로 의문사로 간주한다.

- I can't tell how many visitors I've had.
  나는 얼마나 많은 방문객들을 내가 맞이 했는지 말할 수 없다.

② 의문사가 주어 역할을 하는 경우 의문사+동사의 어순이 온다.

- God only knows who will win!
  신만이 누가 이길지 안다.

(point 3) 판단 동사(believe, imagine, guess, suppose, think)가 사용된 Do의문문에서 목적어로 간 접의문문이 오는 경우는 'Yes/No로 대답할 수 없으므로' 의문사가 문장의 앞으로 이동한다.

1 <u>What</u> do you think the main issue is here?
여기서 쟁점이 뭐라고 생각하니?

2 <u>Why</u> do you believe you have to be perfect all the time?
왜 너는 항상 완벽해야 한다고 믿니?

(point 4) 감탄문은 what이나 how로 시작되며 S + V 의 어순이 따라온다.

① **What + a + 형용사 + 명사 + S + V**

- What a nice weather it is!
  너무 좋은 날씨야!

② **How + 부사/형용사 + S + V**

- How nice the weather is!
  너무 좋은 날씨야!

UNIT 5 how / however

point 1 how가 이끄는 절은 명사절로 문장에서 주어, 목적어, 보어 역할을 한다.
however는 '아무리 ~일 지라도'라는 의미의 양보의 부사절로 쓰인다.

 **check point**

how가 이끄는 절은 명사절로 쓰여 필수성분인 반면, however가 이끄는 절은 부사 역할을 하는 생략 가능한 성분이다.
따라서 문제를 풀 때 how 또는 however가 이끄는 문장을 지웠을 때, 나머지 문장이 완전하면 지운 문장은 생략 가능한 문장이므로 however, 나머지 문장이 불완전하면 지운 문장이 필수 성분이므로 how를 선택한다.

1 They love the movie <u>however</u> unique characters are.
그들은 아무리 캐릭터가 특이하더라도 그 영화를 사랑한다.

2 She doesn't know <u>how</u> I passed the test.
그녀는 내가 어떻게 시험에 통과했는지 모른다.

확인문제

1 Never give up hope, [how / however] frightening the obstacles lying in your path are.

2 I didn't know [how / however] I got success at that time.

1   however : 질문의 how와 however가 이끄는 문장을 지운다. 나머지가 Never give up hope의 완전한 문장이므로 부사 역할의 however가 맞다.
2   how : 질문의 how와 however가 이끄는 문장을 지운다. 나머지가 I didn't know로 목적어가 빠져 있는 불완전한 문장이다. 중요한 문장을 지워서 불완전한 것이므로 how가 맞다.

UNIT 6 ★★ what / whatever

(point 1) what, whatever 뒤에는 모두 불완전한 문장이 나온다.

(point 2) what이 이끄는 문장은 명사절 역할을 한다. (주, 목, 보)

(point 3) whatever가 이끄는 문장은 부사절(~이라 할지라도)과 명사절(~하는 것이 무엇이든지)의 역할을 한다 .

(point 4) whatever는 2가지 역할을 다 하므로 시험에 나오면 무조건 답은 whatever

확인문제 ✎

1 You can dye your hair [what / whatever] colour you like.

---

1   whatever : You~hair 까지 완전한 문장이다. 그러므로 나머지 문장은 없어도 되는 부사 역할이다.
    부사 역할이 가능한 것은 whatever이다. 즉 whatever는 명사,부사 역할을 다 하기에 무조건 맞다.

UNIT 7 ★★ 도치 구문

★ 도치 구문 종류 - 강조를 위한 도치와 문법적 도치

강조를 위한 도치 : 강조하고 싶은 문구를 문장 맨 앞으로 빼는 경우

(point 1) **부사구가 문두에 오는 도치 ★★**
→ 장소, 운동 방향을 나타내는 부사구가 문두에 오는 경우 주어와 동사의 위치가 바뀐다.

◉ <u>Under a tree</u> was lying <u>one of the biggest men</u> I had ever seen.
주어

나무 아래에서는 내가 본 적 있었던 가장 큰 사람 중 한 명이 누워있었다.

(point 2) **부정어나 only가 문두에 오는 도치 ★★★**
① be 동사인 경우 → [be 동사 + 주어] 형태로 도치
② 조동사인 경우 → [조동사 + 주어] 형태로 도치
③ 일반동사인 경우 → [do/does/did + 주어 + 동사] 형태로 도치

1 Not a single word <u>did he say</u>.
한마디 말도 그는 하지 않았다.

2 Not until yesterday <u>did he realize</u> the fact.

어제가 되어서야 그는 그 사실을 깨달았다.

3 Under no circumstances <u>do we give or sell</u> this personal information to a third party.

어떤 상황에서도 우리는 이러한 개인정보를 제3자에게 주거나 팔지 않는다.

4 Only slowly <u>does he understand</u> what I say.

오직 천천히만 그는 내가 말한 것을 이해한다.

(point 3) **보어가 문두에 오는 경우 ★★**

🔍 **[보어 + be + S] 형태로 도치**

1 Wise <u>is he</u> who enjoys the show offered by the world.

세상에 의해 제공되는 쇼를 즐기는 그는 현명하다.

2 Small <u>is the gate</u>, and narrow <u>is the way</u> that leads to life.

문은 작고 삶을 이끄는 길 또한 좁다.

(cf) 목적어도치 : 강조를 위해 목적어를 문두로 보낸 경우는 주어-동사가 도치되지 않는다.

○ What he said I cannot believe.

문법적 도치 : 문법적으로 정해진 도치

(point 1) **So[nor, neither] V + S : '~도 그렇다'라는 의미로 쓰인다. ★**

1 I had a mustache, <u>so did he</u>.

나는 콧수염을 가졌다, 그 또한 그랬다.(그도 콧수염을 가졌다.)

2 Even a small, unaccustomed noise is noticed, and <u>so is a small change</u> in the motor.

심지어 작은 익숙하지 않은 소음은 눈에 띈다. 모터에 작은 변화도 그렇다.

3 I don't like opera - <u>Neither(Nor) does she</u>.

나는 오페라를 좋아하지 않는다. 그녀도 그렇다.(그녀도 오페라를 좋아하지 않는다.)

(point 2) **[There V + S] 의 도치 : 수의 일치에 유의한다.**

● There is some good news today.

오늘 어떤 좋은 소식이 있다.

(point 3) **가정법의 도치 : If를 생략한 후 주어와 동사를 도치시킨다. ★**

1 <u>Were she</u> alive today, she would definitely be an excellent filmmaker.
  (= If she were alive today, ~)
그녀가 오늘날 살아 있다면 그녀는 분명히 훌륭한 영화제작자가 될 텐데.

2 <u>Had it</u> not been for his help, I couldn't have passed the exam.
  (= If it had not been for his help, ~)
그의 도움이 없었다면 나는 시험에 통과하지 못했을 텐데.

(point 4) **기타 중요 부정어 도치구문 : 조동사 + S + V 형태로 도치된다.**

not A until B	B 하고 나서야 비로소 A 하다

- Some children <u>don't</u> catch on to the reading lesson until they're seven .
  = It is <u>not until</u> they are seven <u>that</u> they catch onto the reading lesson.
  = <u>Not until</u> they are seven <u>do they catch</u> on to the reading lesson.
  7살 되고 나서야 그들은 읽기 수업을 알아들었다.

not olny A but also B	A뿐만 아니라 B도

- We not only lost our money, but we were nearly killed.
  = Not only <u>did we lose</u> our money, but we were nearly killed.
  우리는 우리의 돈을 잃었을 뿐만 아니라 거의 죽을 뻔했다.

No sooner + had + 주어 + p.p. + than	A 하자마자 B 하다 (No sooner A than B)

= Hardly(Scarcely) + had + 주어 + p.p. + when(before) (Hardly A when B)

- I had no sooner arrived than trouble started.
  = No sooner <u>had I arrived</u> than trouble started.
  = I had hardly arrived when trouble started.
  = Hardly <u>had I arrived</u> when trouble started.
  내가 도착하자마자 문제가 시작되었다.

1 No longer [I would be able / would I be able] to watch the wind send shudders of silver across the grass, nor thrill to the sight of the blue loon sweeping low across the pond.

2 Not only [is / does] the act of writing a note of appreciation focus your attention on what's right in your life, but the person receiving it will be touched and grateful.

3 Some people's temperatures rise very slowly at first and reach a peak in the late afternoon or evening. Not until quite late in the day [do their temperatures begin / their temperatures begin] to drop.

4 Well, for one thing, he was raised by mean, nasty relatives who didn't want him, but not once [does he / he does] blame his miserable aunt and uncle for his troubles.

---

1 would I be able : 문두에 부정어
2 does : 문두에 부정어가 있고 일반동사 focus가 있으므로
3 do their temperatures begin : 문두에 부정어
4 does he : 문두에 부정어

UNIT 8 ★★ **It ~ that 강조구문**

★ **It ~ that 강조구문**

① It is / It was와 that 사이에 주어, 목적어, 보어, 부사구 중 강조하고자 하는 말을 넣어 강조구문 으로 만든다.

② 일반적으로 사이에는 명사, 대명사, 전치사구(시간·장소 부사구), 절이 들어간다.

③ it은 의미가 없고 'that 이하인 것은 바로 ~이다'라고 해석한다.

🔍 기본 문장

The ability to grow crops allowed people to settle in one place.

→ 농작물을 기르는 능력은 사람들이 한 장소에 정착하는 것을 허용하게 했다.

(point 1) **주어 강조 : 과거 시제 문장이므로 It was ~ that 사이에 넣는다.**

● It was **the ability to grow crops** that allowed people to settle in one place. (주어 강조)

사람들로 하여금 한 장소에 정착하게 허용한 것은 바로 농작물을 기르는 능력이었다.

(point 2) **목적어 강조**

● It was **people** that the ability to grow crops allowed to settle in one place. (목적어 강조)

농작물을 기르는 능력이 한 장소에 정착하게 허용하게 한 것은 바로 사람들이었다.

(point 3) **부사구 강조**

● It was **in one place** that the ability to grow crops allowed people to settle. (부사구 강조)

농작물을 기르는 능력이 사람들로 하여금 정착하게 허용하게 한 것은 바로 한 장소였다.

1 It was <u>at that time</u> <u>that</u> (when) many factories were built in America.

많은 공장들이 미국에서 지어졌던 것은 바로 그때였다.

2 It was <u>my sister</u> <u>that</u> (who) called me yesterday.

나에게 어제 전화했던 것은 바로 나의 누나였다.

3 It was <u>the computer</u> <u>that</u> (which) he used in the classroom.

그가 교실에서 사용했던 것은 바로 컴퓨터였다.

4 It is <u>only when our parents are gone and we never see them</u> <u>that</u> we find that they and we are indivisible.

부모와 우리가 떨어질 수 없다고 생각하게 되는 것은 바로 그들이 돌아가시고 우리가 절대 그들을 볼 수 없게 되는 때 이다. (돌아가시고 나서야 소중하게 생각한다.)

PART 6

가정법

영포자도 가정법 5초 만에 풀 수 있습니다!

(point 1)　**가정법 과거 : 현재 사실의 반대 가정**

① If절 - If + 주어 + 동사 과거형 (be동사→were / 일반동사→과거형)	만약 ~한다면
② 주절 - 주어 + 조동사 과거형 (would · should · could · might) + 동사원형	~할 텐데

1　If it <u>rained</u>, I <u>could stay</u> at home. (But it isn't raining.)
　　비가 내리면 나는 집에 머물 수 있을 텐데.

2　If I <u>made</u> much money, I <u>would go</u> abroad. (But I don't make much money.)
　　내가 많은 돈을 번다면 나는 해외로 갈 텐데.

3　If I <u>were</u> you , I <u>would never buy</u> that dress. (But I 'm not you.)
　　내가 너라면 나는 절대 그 드레스를 사지 않을 텐데.

(point 2)　**가정법 과거완료 : 과거 사실의 반대 가정**

① If절 - If + 주어 + had + p.p.	만약 ~했다면
② 주절 - 주어 + 조동사 과거형 (would · should · could · might) + have + p.p.	~했을 텐데

1　If you <u>had been</u> prompt, you <u>might have arrived</u> in good time. (But you were not prompt.)
　　네가 신속했다면, 너는 미리 도착했을 텐데.

2　If you <u>hadn't moved</u> quickly, you <u>might have died</u>. (But you moved quickly.)
　　너가 빨리 움직이지 않았더라면, 너는 죽었을 텐데.

3　If you <u>had left</u> earlier, you <u>could have avoided</u> a lot of trouble. (But you didn't leave <u>earlier</u>.)
　　네가 더 일찍 떠났다면, 너는 많은 문제를 피할 수 있었을 텐데.

(point 3)　**혼합가정법**

① If절에 가정법 과거완료, 주절은 가정법 과거	(과거에) 만약 ~했더라면 (지금) ~할 텐데
② If절에 가정법 과거, 주절은 가정법 과거완료	(지금) ~하다면, (과거에) ~했을 텐데

→ 이처럼 If절과 주절이 나타내는 때가 각각 다른 경우에 쓰인다.

1　If he had taken the doctor's advice, he might be still alive.
　　= As he didn't take the doctor's advice, he is dead now.
　　　만약 그가 의사의 충고를 받아들였더라면, 그는 아직 살아있을 텐데.
　　　(과거에 그는 의사의 충고를 받아들이지 않았기 때문에, 현재 그는 죽었다.)

 **check point**　　가정법 풀이

가정법은 과거와 과거완료 형태만 정리해서 주절과 If절의 짝을 잘 맞추면 된다. 즉 If절을 물어보면 주절의 동사 형태를, 주절을 물어보면 If절의 동사를 보고 답을 고른다.

확인문제

1 What type of MP3 player [would you buy / would you have bought] if you were free to choose among all the players available?

2 They believe that a better building could have been built if we [received / had received] more assistance.

3 A police man, who was on the beach, said that if Clauss [haven't / hadn't] reacted so quickly and decisively, there would have been two drawings instead of one.

1　would you buy : If절의 동사가 were이므로 가정법 과거 형태가 맞다.

2　had received : 주절의 동사가 could have p.p.형태이므로 가정법 과거완료 형태가 맞다.

3　hadn't : 주절이 would have p.p.이므로 가정법 과거완료 형태가 맞다.

UNIT 2 ★★★ 주장·명령 등의 동사

point 1 주절에 '~해야 한다'는 당위성을 내포하는 동사가 오면 종속절에는 'should+동사원형'을 사용한다. 이때 should는 생략 가능하고 이 경우 동사원형만 남는다. 단, 당위성을 내포하지 않으면 직설법으로 적절한 시제를 쓴다.

① 당위성 동사 + that + S + (should) + 동사원형

> **주장**(insist, urge)   **명령**(order, command)   **제안**(suggest, propose)
> **요구**(demand, ask, request, advise)   **권고**(recommend)

② 당위성 : 해석이 '~해야 한다'가 자연스러운 경우 ▶ 첫 글자를 따서 '주요명제'로 기억

> **주장하다** insist(주장하다), urge(주장하다, 강력히 권고하다)
> **요구하다** demand, ask, request advise (조언하다), recommend(권고하다)
> **명령하다** order, command
> **제안하다** suggest, propose

point 2 예외 → 아래의 경우는 시제의 일반 원칙 적용
① insist : 당위가 아닌 사실이나 상태의 주장을 의미하는 경우
② suggest : 제안하다가 아닌, 암시하다·시사하다를 의미하는 경우
(주어가 research, study, experiment, evidence 인 경우가 많음)

1 I suggested that the matter <u>be</u> dropped.
나는 그 문제가 논의에서 그만두어져야 한다고 제안했다.

2 We insisted that something <u>be</u> done immediately.
우리는 어떤 것이 즉시 행해져야 한다고 주장했다.

3 He urged that we <u>make</u> our voices heard clearly and loudly.
그는 우리가 우리의 목소리를 분명하고 크게 들리게 해야 한다고 주장했다.

확인문제 📝

1 I advised that he [talks / talk] to the boss about the problem.

2 Many witnesses insisted that the accident [take / took] place on the crosswalk.

3 Research suggests that women [are / be] generally more inclined to feel empathy.

---

1 talk : 주요명제 동사에 해당되고 that 이하가 ~해야 한다가 말이 된다. 그러므로 should 생략되었다.

2 took : 주요명제 동사에 해당되나 that 이하가 사고가 횡단보도에서 일어나야 한다라고 하면 어색하므로 주절의 시제 맞춰 쓴다.

3 are : suggest가 제안하다가 아니라 암시하다의 의미로 쓰였기에 are이 맞다.

★ UNIT 3 It is time (that) ~

point 1 It is time (that) : that은 생략 가능하며, 이 가정법은 이미 실행되었거나 진행 중이어야 할 일을 아직 시작하지 않아 '진작에 했어야 했는데'의 유감을 내포하는 '~할 시간이다'라고 해석한다.

point 2 It is (high / about) time + 가정법 과거
= It is time + S + 과거형 동사
= It is time + S + should + 동사원형
= It is time + for ~ + to부정사 (이 경우 유감의 의미없이 '단순히 ~할 시간이다'의 의미만 있다.)

1 It is time that you should think of your future.
네가 너의 미래를 생각할 때이다.

2 It is time that you took time for yourself.
네가 자신을 위한 시간을 가질 때다.

UNIT 4 — Without 가정법

★ Without 가정법은 주절의 형태를 보고 가정법 과거인지, 가정법 과거완료인지를 판단한다.

(point 1) **가정법 과거**

Without + 명 (~이 없다면),
= But for + 명,
= If it were not for + 명,
= Were it not for + 명,

+ 주어 + 조동사 과거형
(would / should / could / might) +
동사원형 (~할 텐데)

(point 2) **가정법 과거완료**

Without + 명 (~이 없었다면),
= But for + 명,
= If it had not been for + 명,
= Had it not been for + 명,

+ 주어 + 조동사 과거형
(would / should / could / might) +
have + p.p. (~했을 텐데)

check point

수능에서는 If가 생략된 도치구문으로써만 가끔 나온다. 보통 학교 내신용 서술형으로 많이 나오는 패턴이다.

1 Had it not been for the key, we could not have entered the classroom.
열쇠가 없었다면, 우리는 교실에 들어갈 수 없었을 텐데.

2 Without him, we would lose the game.
= But for him, we would lose the game.
= If it were not for him, we would lose the game.
= Were it not for him, we would lose the game.
그가 없다면, 우리는 게임에서 질 텐데.

3 If it were not for love, life would be of no meaning.
사랑이 없다면, 인생은 아무런 의미가 없을 텐데.

UNIT 5   I wish 가정법

★ 소망하는 시점과 소망내용의 시점이 일치하면 가정법 과거를, 소망하는 시점보다 소망내용의 시점이 과거이면 가정법 과거완료를 쓴다.

(point 1)　I wish + 가정법 과거 : ~하면 좋을 텐데

> 🔍 **I wish + S + 동사 과거형 (be동사 → were / 일반동사 → 과거형)**

1 I wish you <u>were</u> here with us.
네가 우리와 여기 있다면 좋을 텐데.

2 I wished you <u>were</u> here with us.
네가 여기에 우리와 있다면 좋았을 텐데.

(point 2)　I wish + 가정법 과거완료 : ~하였더라면 좋을 텐데

> 🔍 **I wish + S + had p.p.**

1 I wish I <u>had not met</u> you.
내가 너를 만나지 않았더라면 좋을 텐데.

2 I wished I <u>had not met</u> you.
내가 너를 만나지 않았더라면 좋았을 텐데.

check point

wish의 시점에 신경쓰지 말자. 현재든 과거든 뒤의 내용이 먼저 일어났으면 had p.p.이다.

 확인문제

1 I heartily wish that in my youth I [had/ had had] an ability to concentrate on reading books.

1　had had : 소망 내용의 시점이 in my youth로 보아 어린 시절 소망 내용이다. 소망시점보다 먼저 일어난 일이니 had p.p.가 맞다.

UNIT 6 — as if / as though 가정법

★ 의미상 as if 앞뒤 동작의 시점이 일치하면 가정법 과거를, as if 뒤에 오는 동작의 시점이 앞의 동작 보다 과거이면 가정법 과거완료를 쓴다.

point 1   **as if + 가정법 과거 : 마치 ~인 것 같다**

> 🔍 as if (= as though) + 주어 + 동사 과거형 (be동사→ were / 일반동사 과거형)

1 You sound as if you <u>were</u> my mother.
너는 나의 엄마인 것처럼 들린다.

2 You sounded as if you <u>were</u> my mother.
너는 나의 엄마인 것처럼 들렸다.

point 2   **as if + 가정법 과거 완료 : 마치 ~였었던 것 같다**

> 🔍 as if (= as though) + 주어 + had + p.p.

1 You look as if you <u>had seen</u> a ghost.
너는 네가 귀신을 봤었던 것처럼 보인다.

2 You looked as if you <u>had seen</u> a ghost.
너는 네가 귀신을 봤었던 것처럼 보였다.

확인문제

1 He simply ignored the first resolution as though he _____ it.

    ① never made   ② had never made

---

1   ② : 결의안을 무시한 것보다 만들고 안 만들고가 먼저이므로 had p.p.

PART 7

형용사 & 부사
(필수어법)

아무도 가르쳐 주지 않는 형용사 & 부사의 기본적 법칙!

★ **형용사 / 부사 문제 풀이 방법**

   ① 2형식 동사나 5형식 동사가 있는지 확인 후, 있으면 형용사가 정답

   ② 없으면 형용사·부사를 지운 후 나머지 문장이 완전한지 불완전한지 확인

     ● 나머지 문장이 완전 - 지운 부분이 없어도 되는 것이므로 부사가 답

     ● 나머지 문장이 불완전 - 지운 부분이 중요한 것이므로 형용사가 답

      → 수동태 문장은 완전한 문장으로 본다.

(point 1)   1형식 동사 + 유사보어 : 본래 자동사로 1형식을 만드는 동사이나 다음에 주격 보어가 오면 2형식이 된다.

     → go, come, stand, sit, die, marry

1   He died a beggar.   그는 거지가 되어 죽었다.

2   she married young.   그녀는 젊어서 결혼했다.

(point 2)   2형식 동사 + 주격 보어

     ① 상태동사 : be, become, get

     ② 외견동사 : appear = seem = look

     ③ 감각동사 : look, smell, taste, sound, feel

      → 2형식 동사는 감각동사 5개와 seem, appear 총 7개만 외우면 된다.

(point 3)   5형식 동사 + 목적격 보어

     → keep, consider, make, find

1   Mozart's music sounds <u>great</u>.
     모차르트의 음악은 대단하게 들린다.

2   The singing was great, the drumming was perfect and the rest of the instruments were played <u>splendidly</u>.
     노래는 멋졌고, 드럼은 완벽했고, 나머지 악기들은 아주 잘 연주됐다.

확인문제 📝

1 A sticky substance that makes coffee taste [weak / weakly] is released.

2 As we grew older, Mom made sure we did our party by keeping our rooms [neat / neatly].

3 Print advertising has also become more [expensive / expensively].

4 In contrast, it can take days before fresh vegetables reach the dinner table and vitamins are gradually lost over time no matter how [careful / carefully] the vegetables are transported and stored.

---

1 weak : 앞에 5형식 동사 make가 있으므로 형용사가 맞다.

2 neat : 앞에 5형식 동사 keep이 있으므로 형용사가 맞다.

3 expensive : 2,5형식 동사가 없으므로 문제의 형부를 지운다. 나머지가 불완전하니 형용사가 맞다.

4 carefully : 2,5형식 동사가 없으므로 문제의 형부를 지운다. the vegetables are transported and stored가 나머지 문장으로 수동태이니 완전한 문장이다. 그러므로 없어도 되는 부사가 맞다.

UNIT 2 ★★ 혼동하기 쉬운 형용사와 부사

point 1 같은 부사이므로 '해석'해서 해결

단어	형용사	부사	단어	부사
near	가까운	가까이	nearly	거의
high	높은	높이	highly	대단히
late	늦은	늦게	lately	최근에
hard	어려운	열심히	hardly	거의 ~않는
deep	깊은	깊이	deeply	매우
close	가까운	가까이	closely	밀접하게

1 The professor spoke <u>highly</u> of her character and abilities.
그 교수는 그녀의 성격과 능력에 대해 대단하다고 말했다.

2 Tom arrived at the office an hour <u>late</u> yesterday.
Tom은 어제 사무실에 1시간 늦게 도착했다.

UNIT 3 ★★ as + [형 / 부] + as

★ 앞 문장을 기준으로 형용사·부사를 결정한다.

point 1 앞 문장 (완전) + as + 부사(수식어) + as : 앞 문장이 완전하므로 단순 수식어인 부사가 온다.
point 2 앞 문장 (불완전) + as + 형용사(보어) + as : 앞 문장이 불완전하므로 완전하게 만들어 줄 보어인 형용사가 온다.

확인문제

1 She speaks French as [good / well] as us.

2 Sometimes the variation is as [subtle / subtly] as a pause.

1 well : 앞 문장이 완전하기 때문에 as ~ as 사이에 수식어로 부사인 well이 와야 한다.
2 subtle : as 앞의 문장이 불완전하므로 보어인 형용사가 와야 한다.

UNIT 4   alike · like / alone · lonely / alive · living

(point 1)   'a'로 시작하는 형용사는 항상 (동)명사 뒤에서 수식해주거나, 연결동사(linking verb)의
보어로 쓰인다.

   ① 뒤에 (동)명사가 있으면 : like / lonely / living
   ② 뒤에 (동)명사가 없으면 : alike / alone / alive

1   Maybe you thought you loved working <u>alone</u>.
     아마도 너는 홀로 일하는 것을 좋아했다고 생각했다.

2   You are <u>like</u> your father.
     = You and your father are <u>alike</u>. (보어 자리)
     너와 너의 아버지는 서로 닮았다.

확인문제

1   Falling in love is [like / alike] being wrapped in a magical cloud.

2   Our service is guaranteed to improve the quality of your [living / alive] environ-
ment.

3   Scientist Cerling says they used the hair [like / alike] a tape recorder.

4   Maybe you thought you loved working [alone / lonely].

---

1   like : 뒤에 명사(동명사)가 있으므로 like가 맞다.
2   living : 뒤에 명사 environment 가 있다.
3   like : 뒤에 명사 a tape record가 나오므로 like가 맞다.
4   alone : 뒤에 명사가 없다.

point 1   비교급의 기본 형식 : 형용사 + ~er, ~est / more, most + 형용사

point 2   불규칙 변화 형용사

good - better - best	좋은	well - better - best	건강한, 잘
bad - worse - worst	나쁜	ill - worse - worst	아픈

point 3   의미 유의 형용사

old - older - oldest	늙은/오래된/손위의	old - elder - eldest	손위의
late - later - latest	(시간) 늦은	late - latter - last	(순서) 늦은
far - farther - farthest	(거리) 먼	far - further - furthest	(정도) 더욱, 한층
many - more - most	(수) 많은	much - more - most	(양) 많은
few - fewer - fewest	(수) 적은	little - less - least	(양) 적은

point 4   주의 표현
① 원급 : as 원급 as (~만큼 ~한)
② 비교급 : 비교급 ~ than
③ 최상급 : the + 최상급 + of 복수, in 단수, that S + V

1 Naomi was <u>prettier</u> <u>than</u> I thought.
Naomi는 내가 생각했던 것보다 더 예뻤다.

2 Playing baseball is <u>more</u> interesting <u>than</u> just watching games on TV.
야구하는 것은 단지 TV로 게임을 보는 것보다 더 흥미롭다.

3 Her looks were <u>as</u> impressive <u>as</u> her personality.
그녀의 외모는 그녀의 성격만큼이나 인상적이었다.

확인문제

1 A board-certified pediatrician is the [most / more] knowledgeable of physicians when dealing with infant medical problems.

2 Yoga seems to be more effective for relieving back pain [in / than] other exercise.

1 most : 앞에 the가 있으므로 최상급이 맞다.

2 than : 앞에 비교급 more이 있으므로 than이 맞다.

UNIT 6 — 비교급 수식 부사

point 1　비교급은 [much, still, far, even, a lot, a great deal] 등으로 수식하며 '훨씬'의 뜻으로 비교급을 강조한다.
　　→ very나 more 등으로는 절대 수식 불가

- It was wonderful to speak to you last night and <u>even</u> more wonderful to know you'll be coming here on Friday.
  어젯밤 너와 이야기한 것은 신나는 일이었다. 그리고 금요일 날 네가 여기에 올 거라는 걸 알게 되는 건 훨씬 더 신났다.

확인문제

1 They must accept the praise of others but be [many/ much] more suspicious of it.

2 Other toys stayed at sea [still / very] longer.

1　much
2　still

UNIT 7 — the + 비교급, the + 비교급

point 1　[the + 비교급 A, the + 비교급 B] : A 할수록 더 B한

1 <u>The more</u> crowded we feel, <u>the more</u> stressed we get.
　우리가 더 혼잡하다고 느낄수록, 우리는 더 스트레스를 받는다.

2 <u>The hotter</u> the weather gets, <u>the more</u> people have cold drinks.
　날씨가 더워 질수록, 사람들은 더 많이 차가운 음료를 마신다.

UNIT 8   one of the + 최상급 + 복수명사

point 1   **one of the + 최상급 + 복수명사 는 '단수동사'를 쓴다. (가장 ~한 것 중의 하나)**

1   One of the most expensive cars is his.
가장 비싼 차 중의 하나는 그의 것이다.

2   One of the most common natural disasters is an earthquake.
가장 흔한 자연 재해 중의 하나는 지진이다.

PART 8

명사 & 대명사 & 관사

몇 달을 배워도 몰랐던 명사 & 대명사 & 관사 끝내드리겠습니다!

UNIT 1 ★★★ 재귀대명사 (~self)

point 1 같은 절 안에 주어와 목적어가 동일하면 이때 목적어는 재귀대명사를 쓴다.

1 I saw <u>myself</u> in the mirror.
나는 거울로 내 자신을 보았다.

2 Genuine learning will only occur when you involve <u>yourself</u> actively in studying.
진정한 배움은 당신이 학습에 적극적으로 참여할 때만 일어날 것이다.

check point

문제에 재귀대명사가 나오면 우선 주어를 찾아야 한다. 주어가 목적어와 같으면 ~self, 아니라면 목적격 대명사를 사용한다.

확인문제

1 The transplanted tissue consists specifically of stem cells, "master" cells that not only can regenerate [them / themselves] but also can develop into any type of tissue.

---

1 themselves : 해석상 'master cells가 스스로를 재생할 수 있다'의 주체가 master cells이므로 목적어와 동일하다. 그러므로 재귀대명사가 맞다.

(point 1) 시험에 빈출되는 셀 수 없는 명사
→ advice, baggage, equipment, evidence, furniture, information, luggage, money, news

(point 2) 셀 수 있는 명사와 셀 수 없는 명사의 수식어 구별
(C=Countable Noun) (U=Uncountable Noun)

	셀 수 있는 명사 (C)	셀 수 없는 명사 (U)	공통 (C/U)
많은	many a number of	much an amount of	a lot of plenty of
약간 있는	a few + 복수명사	a little	some / any
거의 없는	few + 복수명사	little	
기타	both(둘 다) a couple of several each + 단수명사 every + 단수명사		all / most / no

1 These days <u>a number of</u> households are struggling with the burden of debt.
요즘 많은 가정이 빚 부담으로 고심하고 있다.

2 There was <u>little</u> information in the book.
그 책에는 정보가 거의 없었다.

3 India is an attractive place for investment for <u>a great number of</u> reasons.
인도는 많은 이유로 투자하기에 매력적인 장소이다.

1 The sun shone straight down the street, and in [a few / a little] minutes Mr. Read felt very hot.

2 One of the challenges to achieve market success is to avoid a one -size- fits- all strategy that places too [many / much] emphasis on the "global " aspect alone.

3 A recent study shows that aging does not affect the [number / amount] of material you can absorb in a given period.

---

1   a few : minutes는 셀 수 있는 명사
2   much : emphasis는 셀 수 없는 명사
3   amount : material은 셀 수 없는 명사

★ 대명사는 공식이나 규칙이 아닌 해석을 통해 지시 대상과 수·인칭·격을 일치시켜야 하는 다소 까다로운 어법이다.

🔍 대명사의 종류

수	인칭	주격	소유격	목적격	소유대명사
단수	1	I	my	me	mine (나의 것)
	2	you	your	you	yours (너의 것)
	3	he	his	him	his (그의 것)
		she	her	her	hers (그녀의 것)
		it	its	it	-
복수	1	we	our	us	ours (우리의 것)
	2	you	your	you	yours (너희들의 것)
	3	they	their	them	theirs (그들의 것)

point 1　위의 대명사 종류는 기본이니 반드시 숙지하고, 특히 소유대명사에 유의할 것

point 2　소유격 his(그의)와 소유 대명사 his(그의 것)는 형태가 같으니 특히 주의할 것

point 3　소유격 its(그것의)와 it is의 축약형인 it's의 구별에 유의할 것

● In some countries a coin with a hole is supposed to be lucky because it was long believed that shell or stone with a hole in <u>it</u> could keep away evil spirits.
　일부 국가에서는 구멍이 뚫린 조개나 돌이 악령을 쫓는다고 오랫동안 믿었기 때문에 구멍이 뚫린 동전은 행운을 가져다 준다고 한다.

확인문제 📝

1 These training programs help students gain hands-on experience by providing [them / it] with feedback.

2 Children from nearly 100 countries met in Connecticut recently to learn about the environment and discuss ways to protect [it / them].

1　them : 해석상 students를 가리키므로 them이 정답
2　it : 해석상 the environment를 가리키므로 it이 정답

① a(an) - 정해지지 않은 하나(= one)라는 의미
② the - 상대방과 내가 아는 특정한 그것을 의미
③ other - '(이외의) 다른'의 의미 (뒤에 복수 명사가 옴)
④ (정해지지 않은, 불특정된) 다른 하나 - an + other = another (또 다른 하나) (뒤에 단수 명사가 옴)
⑤ (정해지지 않은, 불특정된) 여러 개 - other + s = others (다른 사람(것)들)
⑥ (정해진, 특정된) 다른 하나 - the + other = the other
⑦ (정해진, 특정된) 여러 개 - the other + s = the others

	하나	여러 개
시작 - 불특정의	one	some
중간 - (불특정의) 다른	another + 단수명사	others = other + 복수명사 (others = other cars)
나머지 - (특정된) 다른	the other	the others

※ 마지막에 남은 것(들) 전부는 특정할 수 있으므로 the other 또는 the others를 사용

(point 1) one / another / the other / the others

one~ another··· the other -	(3개 중에 정해지지 않은)하나는 ~, (남은 2개 중에 아직 정해지지 않은)다른 하나는... (정해진)나머지 하나는 -

- **One** of the problems is finding a school; **another** is looking for a place to live; and **the other** is buying furniture.

  (3개의) 문제 중 (불특정) 하나는 학교를 찾는 것이고, (불특정의) 다른 하나는 살 장소를 찾는 것이고, (특정의) 나머지 하나는 가구를 사는 것이다.

one~ the other···	(둘 중에서) (정해지지 않은)하나는 ~, (정해진)나머지 하나는 ...

- **One** end of the rope is tied to the anchor, while **the other** is tied to a big post.

  (둘 중에서) 밧줄의 (불특정의) 하나는 닻에 묶는 반면, (특정의) 나머지 하나는 큰 기둥에 묶는다.

one~ the others···	(셋 이상에서) (정해지지 않은)하나는~ (정해진)나머지 전부는…

③ one~ the others··· : (셋 이상에서) (정해지지 않은)하나는~ (정해진)나머지 전부는…

- Out of all eggs, only **one** was broken. **The others** were all okay.

  모든 달걀 중에서, 오직 (불특정의) 한 개만 깨졌다. (특정된) 나머지 전부는 괜찮았다.

point 2　another / other : **불특정한 대상에 사용 → another + 단수명사 / other + 복수명사**

1 We would like to start a joint venture with **another** company.

우리는 또 다른 (불특정한) 회사와 합작 사업을 시작하고 싶다.

2 You need **other** people to guide you in the right direction.

너는 (불특정한) 다른 사람들이 너를 올바른 방향으로 인도해 줄 필요가 있다.

3 There is **another way** to lose weight.

There are **other ways** to lose weight.

살 빼는 다른 방법이 있다.

point 3　some~ others… the others - : **(정해지지 않은) 몇몇은~ (정해지지 않은) 다른 것들은…**
(정해진) 나머지 전부는 -

1 **Some** employees finished college, **others** completed graduate school, and the **others** received their doctorate degrees.

(불특정의) 몇몇 직원들은 대학을 졸업했고, (불특정의) 다른 사람들은 대학원을 마쳤다. 그리고 (특정된) 나머지는 박사 학위를 받았다.

2 **Some** of my friends like snowboarding, but (**others** / the others) like ski.

(→ 범위가 정해지지 않은 상태로 스노우보드를 좋아하는 친구를 제외한 나머지는 스키를 좋아할 수도, 썰 매를 좋아할 수도, 스케이트를 좋아할 수도 있다. 나머지 전체가 스키를 좋아한다면 the others이겠지만, 이 문장에서는 그런 근거를 찾을 수 없으므로 다른 사람(것)들이란 의미의 others가 정답이다.)

나의 친구들 중 (불특정의) 몇몇은 스노우보드를 좋아하지만, (불특정의) 다른 몇몇은 스키를 좋아한다.

point 4   one / ones : 앞에서 언급한 명사와 종류는 같지만, 특정하지 않은 막연한 대상을 가리킬 때 사용하며 one은 단수, ones는 복수에 사용

1   The new web designer is **one** that you can trust.

(→ 앞에 나온 명사와 종류는 같지만 대상이 다른 경우에는 명사의 반복을 피하기 위해서 one을 쓴다. 여기서는 그 새로운 웹 디자이너와 네가 믿을 수 있는 웹 디자이너가 명사의 종류는 같지만 대상이 다르므로 one을 쓴다.)

새로운 웹 디자이너는 네가 믿을 수 있는 웹 디자이너이다.

2   If you think your fire alarms are more than 10 years old, replace **them** with new **ones**.

(→ them은 앞의 명사인 the fire arms를 가리키며 복수이므로 사용되었고, 앞에 나온 명사와 종류는 같지만 대상이 다른 경우에는 명사의 반복을 피하기 위해 one(단수)/ones(복수)를 사용한다. 여기서는 복수이기 때문에 ones를 쓴다.)

네가 너의 (A)소화기들이 10년 이상이라고 생각한다면 (B)그것들(소화기들)을 새로운 것들((C)(소화기들)로 교체해라. (A) = (B) ≠ (C)

point 5   one / it : 특정하지 않은 막연한 대상을 언급할 때는 one, 앞에서 언급한 특정한 대상을 언급할 때는 it

1   Do you have (A)a digital camera? / Yes, I have (B)one in my bag.

(→ 앞에 나온 명사의 종류는 같지만 대싱이 다른 경우에는 명사의 반복을 피하기 위해서 one을 쓴다. (A)≠(B))

너는 디지털 카메라를 가지고 있니? 응, 나는 내 가방에 디지털 카메라를 가지고 있어.

2   I bought (A)this digital camera yesterday. Can I borrow (B)it tomorrow?

(→ 앞에서 언급한 명사(단수)를 뒤에서 그대로 언급할 때는 it을 사용한다. (A)=(B))

나는 어제 이 디지털 카메라를 샀다. 내가 내일 그것(디지털 카메라)을 빌릴 수 있을까?

point 1   비교하는 문장 : 비교하는 문장에서 명사의 반복을 피하기 위해 that(단수) / those(복수)를 쓰며, 앞의 명사의 수에 일치시킨다.

point 2   비교구문

be similar to
be different from
(= differ from)
비교급 than

A   B

A가 단수이면 B는 <u>that</u> of ~
A가 복수이면 B는 <u>those</u> of ~

1 The color of this furniture is brighter than <u>that</u> of my mom's. → (the color)
   이 가구의 색깔은 내 엄마의 것(가구)의 색깔보다 더 밝다.

2 Korea growth patterns resemble <u>those</u> of Western nations. → (growth patterns)
   한국의 성장 양식들은 서부국가의 성장 양식들과 닮았다.

3 The language of the region is different from <u>that</u> of neighbors. → (the language)
   그 지역의 언어와 이웃의 언어는 다르다.

확인문제 📝

1 The school of Korea is similar to [that / those] of Egypt.

2 Often the distinction between science and technology is said to be like [that / it] between basic and applied knowledge.

---

1 that : 한국의 학교와 이집트의 학교를 비교. 즉 학교를 받는다.

2 that : 비교하는 문장(위 문장에서는 to be like ~)에서는 that/those로 명사를 대신 받는다.

PART 9

조동사

이 파트 보면 조동사 문제 무조건 맞힙니다!

★ 조동사에 따른 가능성, 추측의 확실성 비교
might < may < could < can < should < would < will < must

★★★
UNIT 1   조동사 + have p.p.

point 1   **조동사는 정확한 의미를 파악하는 어휘적 접근이 필요하다.**

should have p.p.	~했어야 했는데
ought to have p.p.	~했어야 했는데
must have p.p.	~했었음에 틀림없다
may have p.p.	~ 했었을지도 모른다
could have p.p.	~했을 수 도 있었다
cannot have p.p.	~했었을 리가 없다

1 I think you <u>might have been</u> lying to me.
나는 네가 나에게 거짓말해왔을 수도 있다고 생각한다.

2 I <u>could not have answered</u> all the questions without your help.
너의 도움이 없었더먼 나는 모든 질문에 대답할 수 없었을 텐데.

3 If I had studied, I <u>would have passed</u> the stupid course.
내가 공부했더라면 그 어리석은 과정을 통과했었을 텐데.

확인문제

1 Our early ancestors [may have used / should have used] the fingers of their hands or cut notches like on tree branches to indicate how many apples they had picked that day.

2 Many scientists believe that some dinosaurs [may have / may have had] feathers that kept them warm.

1   may have used : 해석상 '우리의 조상들은 얼마나 많은 사과를 그날 땄는지 나타내기 위해 그들의 손가락을 이용했을지도 모른다'가 자연스럽다.

2   may have had : 해석상 많은 과학자들은 몇몇 공룡들이 그들을 따뜻하게 유지하기 위한 깃털을 가졌을지도 모른다라고 믿는다. 즉, 공룡이 있던 시절이 과거 이야기이므로 과거 사실의 추측이 맞다.

(point 1)   cannot help ~ing : ~하지 않을 수 없다

        = cannot(choose) but + 동사원형

        = have no choice(option) but to V

●   Just listen to his songs, and you cannot help being moved by his romantic voice.
    단지 그의 노래를 들어라 그러면 너는 그의 로맨틱한 목소리에 감명받지 않을 수 없다.

(point 2)   cannot ...too : 아무리 ~해도 지나치지 않다

●   I cannot stress too much about the idea of learning independence.
    독립을 배우는 것의 생각에 대해서는 아무리 많이 강조해도 지나치지 않다.

(point 3)   cannot A and B : A와 B를 동시에 할 수는 없다

●   You can't eat whatever you want and keep your weight under control.
    너가 원하는 무엇이든지 먹는 것과 체중을 조절하는 것을 동시에 할 수는 없다.

(point 4)   may well : ~하는 것이 당연하다

●   The enemies are afraid, and they <u>may well</u> be.
    적이 두려워한다. 그리고 그들이 두려워하는 것은 당연하다.

(point 5)   may(might) as well : ~하는 편이 낫다, ~하는 것이 좋다

●   You <u>may as well</u> go for a walk.
    너는 산책하러 나가는 편이 낫다.

UNIT 3　need

(point 1) need는 조동사 · 일반동사 둘 다 사용되는 단어이다.

① 의문문 · 부정문에서는 조동사로 사용되고, 뒤에 동사원형이 온다.

② 긍정문에서는 일반동사로 사용되고, 뒤에 to-V가 온다.

1 He need not do so. → need + not + 동사원형 (부정문)
그는 그렇게 열심히 할 필요가 없다.

2 Need he work so hard? → need + 주 + 동사원형 (의문문)
그가 그렇게 열심히 일할 필요가 있습니까?

3 He needs to work hard. → need + to-V (긍정문)
그는 열심히 일해야 한다.

★★
UNIT 4　do의 용법

(point 1) 조동사 do의 용법

> 🔍 **기본 문장**
> He likes playing soccer.

① 부정 - He <u>doesn't</u> like playing soccer.

② 강조 - He <u>does</u> like playing soccer.

③ 의문문 - <u>Does</u> he like playing soccer?

④ 부가의문문 - He likes playing soccer, <u>doesn't</u> he?

⑤ 도치 - Not only <u>does</u> he like playing soccer, but he also likes playing baseball.

※어법에서 출제가 자주되는 것은 강조와 도치이다.

(point 2) **대동사 do (필수어법)**
앞에 있는 동사를 반복하여 사용하지 않기 위해 동사 do를 대신 사용한다.

 **check** point   **대동사의 출제 패턴**

주어 + 동사 + as +	**주어+ is / does**
than	**are / do**
	was · were / did

→ 비교구문 형태로 자주 나오며, 앞의 동사가 be동사이면 be동사, 일반동사이면 do동사를 쓴다.

1 There are some women who feel the same parental love for other children as they <u>do</u> for their own. (do = feel parental love)
자신들의 아이들에게 모성애를 느끼는 만큼 다른 아이들에게도 똑같은 모성애를 느끼는 몇몇 여성들이 있다.

2 She plays tennis better now than she <u>did</u> last month.
그녀는 지난달에 테니스를 쳤던 것보다 지금 더 잘친다.

3 Outgoing people are also more likely to become smokers than shy people <u>are</u>.
외향적인 사람들은 수줍음을 타는 사람들이 그럴 가능성보다 더 흡연가가 될 것 같다.

확인문제

1 They had fewer health problems such as colds, headaches and stomach aches than they [did / were] before.

2 Some airlines don't ask for a birth certificate and some [are / do].

1 did : 앞에 had 일반동사를 대신 받는다.
2 do : 앞에 ask 일반동사를 대신 받는다.

PART 10

실전 종합 문제

이 책을 소화했다면 눈 감고도 풉니다!

실전 종합 문제

최근 기출

1 다음 글의 밑줄 친 부분 중, 어법상 틀린 것은? (25학년도 수능)

Think of yourself. When you decide to get up and get a drink of water, for example, you don't consciously organize or consider the host of steps involved. Imagine if we ① <u>had</u> to consider every single muscle that needed to be contracted or relaxed just to stand up and walk. It would be tiresome and very slow — as patients recovering from a brain injury affecting the motor system ② <u>knows.</u> The autopilot parts of our brain do it for us automatically, ③ <u>freeing</u> up our conscious mind for more important jobs. It is the older parts of our brain ④ <u>that</u> support these automatic processes that allow us to move, hear, see, and use many of our social skills. More recently evolved abilities like talking, reading, and writing are far less automated. So, most of the time, ⑤ <u>what</u> you are perceiving, feeling, or thinking is based on a very crude and fast analysis that happens completely without your awareness.

● **crude** 투박한

2 다음 글의 밑줄 친 부분 중, 어법상 틀린 것은? (24년 고3 10월 모의고사)

Sometime late in the next millennium, our descendants may head off to other star systems. They may use comets as steppingstones, some of which are only ① <u>loosely</u> bound to our sun because they reach almost halfway to the nearest star system, Alpha Centauri. Our remote descendants may eventually colonize much of our galaxy just as the first living organisms on Earth once colonized Earth's young oceans. Interstellar migrations will depend on as yet unimagined technologies for driving ships, for maintaining sustainable environments, and for putting humans into hibernations ② <u>last</u> for centuries. Interstellar journeys will also depend on the existence of groups willing ③ <u>to risk</u> long and dangerous voyages with little or no hope of returning. It would take spaceships ④ <u>traveling</u> at 1 percent of the speed of light more than four hundred years to reach the Alpha Centauri system. But if they spread out from there at a similar rate, they could settle star systems throughout the Milky Way within one hundred million years, ⑤ <u>which</u> is just a bit longer than the span of time since dinosaurs ruled our Earth.

● **comet** 혜성 ● **hibernation** 동면

3 다음 글의 밑줄 친 부분 중, 어법상 틀린 것은? (24년 고2 10월 모의고사)

Conditioned Place Preference is a way of finding out what animals want. Researchers train them ① <u>to associate</u> one place with an experience such as food or a loud noise and another place with something completely different, usually where nothing happens. The two places are made obviously different to make it as ② <u>easy</u> as possible for the animal to associate each place with what happened to it there. The animal's preference for being in one place or another is measured both before and after its experiences in the two places. If there is a shift in where the animal chooses to spend its time for the reward, this suggests that it liked the experience and is trying to repeat ③ <u>it</u>. Conversely, if it now avoids the place the stimulus appeared and ④ <u>starts</u> to prefer the place it did not experience it, then this suggests that it found the stimulus unpleasant. For example, mice with cancer show a preference for the place where they have ⑤ <u>given</u> morphine, a drug used to relieve pain, rather than where they have received saline whereas healthy mice developed no such preference. This suggests that the mice with cancer wanted the morphine.

● **saline** 식염수

4 다음 글의 밑줄 친 부분 중, 어법상 틀린 것은? (24년 고1 10월 모의고사)

Digital technologies are essentially related to metaphors, but digital metaphors are different from linguistic ① <u>ones</u> in important ways. Linguistic metaphors are passive, in the sense that the audience needs to choose to actively enter the world proposed by metaphor. In the Shakespearean metaphor "time is a beggar," the audience is unlikely to understand the metaphor without cognitive effort and without further ② <u>engaging</u> Shakespeare's prose. Technological metaphors, on the other hand, are active (and often imposing) in the sense that they are realized in digital artifacts that are actively doing things, forcefully ③ <u>changing</u> a user's meaning horizon. Technological creators cannot generally afford to require their potential audience to wonder how the metaphor works; normally the selling point is ④ <u>what</u> the usefulness of the technology is obvious at first glance. Shakespeare, on the other hand, is beloved in part because the meaning of his works is not immediately obvious and ⑤ <u>requires</u> some thought on the part of the audience.

5 다음 글의 밑줄 친 부분 중, 어법상 틀린 것은? (24 고1 9월 모의고사)

From an organizational viewpoint, one of the most fascinating examples of how any organization may contain many different types of culture ① is to recognize the functional operations of different departments within the organization. The varying departments and divisions within an organization will inevitably view any given situation from their own biased and prejudiced perspective. A department and its members will acquire "tunnel vision" which disallows them to see things as others see ② them. The very structure of organizations can create conflict. The choice of ③ whether the structure is "mechanistic" or "organic" can have a profound influence on conflict management. A mechanistic structure has a vertical hierarchy with many rules, many procedures, and many levels of management ④ involved in decision making. Organic structures are more horizontal in nature, ⑤ which decision making is less centralized and spread across the plane of the organization.

● **hierarchy** 위계

6 다음 글의 밑줄 친 부분 중, 어법상 틀린 것은? (24 고2 9월 모의고사)

One wellknown shift took place when the accepted view — that the Earth was the center of the universe — changed to one where we understood that we are only inhabitants on one planet ① orbiting the Sun. With each person who grasped the solar system view, ② it became easier for the next person to do so. So it is with the notion that the world revolves around the human economy. This is slowly being replaced by the view that the economy is a part of the larger system of material flows that connect all living things. When this perspective shifts into place, it will be obvious that our economic wellbeing requires that we account for, and ③ respond to, factors of ecological health. Unfortunately we do not have a century or two ④ make the change. By clarifying the nature of the old and new perspectives, and by identifying actions ⑤ on which we might cooperate to move the process along, we can help accelerate the shift.

7 **다음 글의 밑줄 친 부분 중, 어법상 틀린 것은?** (24 고3 9월 평가원 모의고사)

Victorian England is characterised by the full development of the Industrial Revolution. England became the first industrial nation in the world and, by 1850, the first nation to have more people ① <u>employed</u> in industry than in agriculture. Expanding trade coincided with the growth of the Empire and brought great wealth to Britain, but this wealth was not ② <u>evenly</u> distributed. Many enterprising individuals (the 'self-made men') rose from humble origins to positions of wealth and influence, but large sections of the working class ③ <u>were</u> forced into the overcrowded slums of large cities where they worked long hours for low wages in unhealthy conditions. The manufacturing towns of the north of England provided some of the worst examples and ④ <u>inspired</u> such socially conscious novels as Kingsley's Alton Locke, Gaskell's Mary Barton, and Dickens's Hard Times. In the south there was London, already the largest city in the world, showing all the crime, evil, and misery ⑤ <u>whose</u> result from overpopulation and unplanned growth.

8 **다음 글의 밑줄 친 부분 중, 어법상 틀린 것은?** (24년 고2 6월 모의고사)

The builtin capacity for smiling is proven by the remarkable observation ① <u>that</u> babies who are congenitally both deaf and blind, who have never seen a human face, also start to smile at around 2 months. However, smiling in blind babies eventually ② <u>disappears</u> if nothing is done to reinforce it. Without the right feedback, smiling dies out. But here's a fascinating fact: blind babies will continue to smile if they are cuddled, bounced, nudged, and tickled by an adult — anything to let ③ <u>them</u> know that they are not alone and that someone cares about them. This social feedback encourages the baby to continue smiling. In this way, early experience operates with our biology ④ <u>to establish</u> social behaviors. In fact, you don't need the cases of blind babies to make the point. Babies with sight smile more at you when you look at them or, better still, ⑤ <u>smiling</u> back at them.

● **congenitally** 선천적으로 ● **cuddle** 껴안다 ● **nudge** 팔꿈치로 쿡쿡 찌르다

9   다음 글의 밑줄 친 부분 중, 어법상 틀린 것은? (24년 고1 6월 모의고사)

The huntergatherer lifestyle, which can ① be described as "natural" to human beings, appears to have had much to recommend it. Examination of human remains from early huntergatherer societies ② has suggested that our ancestors enjoyed abundant food, obtainable without excessive effort, and suffered very few diseases. If this is true, it is not clear why so many humans settled in permanent villages and developed agriculture, growing crops and domesticating animals: cultivating fields was hard work, and it was in farming villages ③ what epidemic diseases first took root. Whatever its immediate effect on the lives of humans, the development of settlements and agriculture ④ undoubtedly led to a high increase in population density. This period, known as the New Stone Age, was a major turning point in human development, ⑤ opening the way to the growth of the first towns and cities, and eventually leading to settled "civilizations."

● **remains** 유적, 유해 ● **epidemic** 전염병의

10   다음 글의 밑줄 친 부분 중, 어법상 틀린 것은? (24년 고3 6월 평가원 모의고사)

What makes practicing retrieval so much better than review? One answer comes from the psychologist R. A. Bjork's concept of desirable difficulty. More difficult retrieval ① leads to better learning, provided the act of retrieval is itself successful. Free recall tests, in which students need to recall as much as they can remember without prompting, tend to result in better retention than cued recall tests, in which students ② give hints about what they need to remember. Cued recall tests, in turn, are better than recognition tests, such as multiple-choice answers, ③ where the correct answer needs to be recognized but not generated. Giving someone a test immediately after they learn something improves retention less than giving them a slight delay, long enough so that answers aren't in mind when they need ④ them. Difficulty, far from being a barrier to ⑤ making retrieval work, may be part of the reason it does so.

● **retrieval** 불러오기 ● **retention** 보유력

11 다음 글의 밑줄 친 부분 중, 어법상 틀린 것은? (24년 고2 3월 모의고사)

For years, many psychologists have held strongly to the belief ① that the key to addressing negative health habits is to change behavior. This, more than values and attitudes, ② is the part of personality that is easiest to change. Ingestive habits such as smoking, drinking and various eating behaviors are the most common health concerns targeted for behavioral changes. Processaddiction behaviors (workaholism, shopaholism, and the like) fall into this category as well. Mental imagery combined with power of suggestion was taken up as the premise of behavioral medicine to help people change negative health behaviors into positive ③ ones. Although this technique alone will not produce changes, when ④ using alongside other behavior modification tactics and coping strategies, behavioral changes have proved effective for some people. ⑤ What mental imagery does is reinforce a new desired behavior. Repeated use of images reinforces the desired behavior more strongly over time.

● **ingestive** (음식) 섭취의   ● **premise** 전제

12 다음 글의 밑줄 친 부분 중, 어법상 틀린 것은? (24년 고2 3월 모의고사)

It would be hard to overstate how important meaningful work is to human beings — work ① that provides a sense of fulfillment and empowerment. Those who have found deeper meaning in their careers find their days much more energizing and satisfying, and ② to count their employment as one of their greatest sources of joy and pride. Sonya Lyubom-irsky, professor of psychology at the University of California, has conducted numerous workplace studies ③ showing that when people are more fulfilled on the job, they not only produce higher quality work and a greater output, but also generally earn higher incomes. Those most satisfied with their work ④ are also much more likely to be happier with their lives overall. For her book Happiness at Work, researcher Jessica PryceJones conducted a study of 3,000 workers in seventynine countries, ⑤ finding that those who took greater satisfaction from their work were 150 percent more likely to have a happier life overall.

● **numerous** 수많은

다음 글의 밑줄 친 부분 중, 어법상 틀린 것은? (24년 고3 3월 모의고사)

The process of crossing cultures challenges the very basis of who we are as cultural beings. It offers opportunities for new learning and growth. Being "uprooted" from our home ① brings us understanding not only of the people and their culture in our new environment, but of ourselves and our home culture. Although the difficulties that can arise from crossing cultures are often shocking, success stories are everywhere. Despite, or rather because of, the suffering and ambivalence we undergo when we cross cultures, we gradually find ourselves ② uniquely privileged to define ourselves and others anew with clarity and insight that we could not have cultivated without leaving home. ③ Adapting to a new and unfamiliar culture, then, is more than survival. It is a lifechanging journey. It is a process of "becoming" — personal reinvention, transformation, growth, reaching out beyond the boundaries of our own existence. The process does not require that we abandon our former personalities and the cultures ④ which we were born. Rather, it compels us to find ⑤ ourselves as if for the first time, particularly those "cultural invariants" within us — aspects that we hold dear and refuse to compromise.

● **ambivalence** 상반되는 감정, 모순

---

14 **다음 글의 밑줄 친 부분 중, 어법상 틀린 것은?** (21 수능)

Regulations covering scientific experiments on human subjects are strict. Subjects must give their informed, written consent, and experimenters must submit their proposed experiments to thorough examination by overseeing bodies. Scientists who experiment on themselves can, functionally if not legally, avoid the restrictions ① associated with experimenting on other people. They can also sidestep most of the ethical issues involved: nobody, presumably, is more aware of an experiment's potential hazards than the scientist who devised ② it. Nonetheless, experimenting on oneself remains ③ deeply problematic. One obvious drawback is the danger involved; knowing that it exists ④ does nothing to reduce it. A less obvious drawback is the limited range of data that the experiment can generate. Human anatomy and physiology vary, in small but significant ways, according to gender, age, lifestyle, and other factors. Experimental results derived from a single subject are, therefore, of limited value; there is no way to know ⑤ what the subject's responses are typical or atypical of the response of humans as a group.

● **consent** 동의 ● **anatomy** (해부학적) 구조 ● **physiology** 생리적 현상

15 **어법상 어색한 것은?** (22학년도 대수능 29번)

Like whole individuals, cells have a lifespan. During their life cycle (cell cycle), cell size, shape, and metabolic activities can change dramatically. A cell is "born" as at win when its mother cell divides, ① <u>producing</u> two daughter cells. Each daughter cell is smaller than the mother cell, and except for unusual cases, each grows until it becomes as large as the mother cell ② <u>was</u>. During this time, the cell absorbs water, sugars, amino acids, and other nutrients and assembles them into new, living protoplasm. After the cell has grown to the proper size, its metabolism shifts as it either prepares to divide or matures and ③ <u>differentiales</u> into a specialized cell. Both growth and development require a complex and dynamic set of interactions involving all cell parts. ④ <u>What</u> cell metabolism and structure should be complex would not be surprising, but actually, they are rather simple and logical. Even the most complex cell has only a small number of parts, each ⑤ <u>responsible</u> for a distinct, well-defined aspect of cell life.

● **metabolic** 물질대사의 ● **protoplasm** 원형질

16 **다음 글의 밑줄 친 부분 중, 어법상 틀린 것은?** (22 고3 3월 모의고사)

We don't know what ancient Greek music sounded like, because there are no examples of it in written or notated form, nor ① <u>has it</u> survived in oral tradition. Much of it was probably improvised anyway, within certain rules and conventions. So we are forced largely to guess at its basis from the accounts of writers such as Plato and Aristotle, who were generally more concerned with writing about music as a philosophical and ethical exercise ② <u>as</u> with providing a technical primer on its practice. It seems Greek music was predominantly a vocal form, ③ <u>consisting of</u> sung verse accompanied by instruments such as the lyre or the plucked kithara (the root of 'guitar'). In fact, Plato considered music in which the lyre and flute played alone and not as the accompaniment of dance or song ④ <u>to be</u> 'exceedingly coarse and tasteless'. The melodies seem to have had a very limited pitch range, since the instruments ⑤ <u>generally</u> span only an octave, from one E (as we'd now define it) to the next.

● **primer** 입문서 ● **lyre** 수금(竪琴) ● **coarse** 조잡한

17 다음 글의 밑줄 친 부분 중, 어법상 틀린 것은? (22 고2 3월 모의고사)

Despite abundant warnings that we shouldn't measure ourselves against others, most of us still do. We're not only meaning seeking creatures but social ① <u>ones</u> as well, constantly making interpersonal comparisons to evaluate ourselves, improve our standing, and enhance our selfesteem. But the problem with social comparison is that it often backfires. When comparing ourselves to someone who's doing better than we are, we often feel ② <u>inadequate</u> for not doing as well. This sometimes leads to what psychologists call malignant envy, the desire for someone ③ <u>to meet</u> with misfortune ("I wish she didn't have what she has"). Also, comparing ourselves with someone who's doing worse than we are ④ <u>risk</u> scorn, the feeling that others are something undeserving of our beneficence ("She's beneath my notice"). Then again, comparing ourselves to others can also lead to benign envy, the longing to reproduce someone else's accomplishments without wishing them ill ("I wish I had what she has"), ⑤ <u>which</u> has been shown in some circumstances to inspire and motivate us to increase our efforts in spite of a recent failure.

● **backfire** 역효과를 내다　● **scorn** 경멸

18 다음 글의 밑줄 친 부분 중, 어법상 틀린 것은? (21 고3 10월)

According to its dictionary definition, an anthem is both a song of loyalty, often to a country, and a piece of 'sacred music', definitions that are both applicable in sporting contexts. This genre is dominated, although not exclusively, by football and has produced a number of examples ① <u>where</u> popular songs become synonymous with the club and are enthusiastically adopted by the fans. More than this they are often spontaneous expressions of loyalty and identity and, according to Desmond Morris, have 'reached the level of something ② <u>approached</u> a local art form'. A strong element of the appeal of such sports songs ③ <u>is</u> that they feature 'memorable and easily sung choruses in which fans can participate'. This is a vital part of the team's performance ④ <u>as</u> it makes the fans' presence more tangible. This form of popular culture can be said ⑤ <u>to display</u> pleasure and emotional excess in contrast to the dominant culture which tends to maintain 'respectable aesthetic distance and control'.

● **synonymous** 밀접한 연관을 갖는　● **tangible** 확실한

19 **다음 글의 밑줄 친 부분 중, 어법상 틀린 것은?** (21 고3 9월 모평)

Accepting whatever others are communicating only pays off if their interests correspond to ours — think cells in a body, bees in a beehive. As far as communication between humans is concerned, such commonality of interests ① is rarely achieved; even a pregnant mother has reasons to mistrust the chemical signals sent by her fetus. Fortunately, there are ways of making communication work even in the most adversarial of relationships. A prey can convince a predator not to chase ② it. But for such communication to occur, there must be strong guarantees ③ which those who receive the signal will be better off believing it. The messages have to be kept, on the whole, ④ honest. In the case of humans, honesty is maintained by a set of cognitive mechanisms that evaluate ⑤ communicated information. These mechanisms allow us to accept most beneficial messages — to be open — while rejecting most harmful messages — to be vigilant.

● **fetus** 태아 ● **adversarial** 반대자의 ● **vigilant** 경계하는

20 **다음 글의 밑줄 친 부분 중, 어법상 틀린 것은?** (21 고3 6월 모평)

Most historians of science point to the need for a reliable calendar to regulate agricultural activity as the motivation for learning about what we now call astronomy, the study of stars and planets. Early astronomy provided information about when to plant crops and gave humans ① their first formal method of recording the passage of time. Stonehenge, the 4,000-year-old ring of stones in southern Britain, ② is perhaps the best-known monument to the discovery of regularity and predictability in the world we inhabit. The great markers of Stonehenge point to the spots on the horizon ③ where the sun rises at the solstices and equinoxes — the dates we still use to mark the beginnings of the seasons. The stones may even have ④ been used to predict eclipses. The existence of Stonehenge, built by people without writing, bears silent testimony both to the regularity of nature and to the ability of the human mind to see behind immediate appearances and ⑤ discovers deeper meanings in events.

● **monument** 기념비 ● **eclipse** (해 달의) 식(蝕) ● **testimony** 증언

21 다음 글의 밑줄 친 부분 중, 어법상 틀린 것은? (21년 고2 11월)

Anchoring bias describes the cognitive error you make when you tend to give more weight to information arriving early in a situation ① compared to information arriving later regardless of the relative quality or relevance of that initial information. Whatever data is presented to you first when you start to look at a situation can form an "anchor" and it becomes significantly more challenging ② to alter your mental course away from this anchor than it logically should be. A classic example of anchoring bias in emergency medicine is "triage bias, " ③ where whatever the first impression you develop, or are given, about a patient tends to influence all subsequent providers seeing that patient. For example, imagine two patients presenting for emergency care with aching jaw pain that occasionally ④ extends down to their chest. Differences in how the intake providers label the chart "jaw pain" vs. "chest pain, " for example ⑤ creating anchors that might result in significant differences in how the patients are treated.

● **triage** 부상자 분류 ● **intake provider** 환자를 예진하는 의료 종사자

22 다음 글의 밑줄 친 부분 중, 어법상 틀린 것은? (21년 고2 9월)

Organisms living in the deep sea have adapted to the high pressure by storing water in their bodies, some ① consisting almost entirely of water. Most deep-sea organisms lack gas bladders. They are cold-blooded organisms that adjust their body temperature to their environment, allowing them ② to survive in the cold water while maintaining a low metabolism. Many species lower their metabolism so much that they are able to survive without food for long periods of time, as finding the sparse food ③ that is available expends a lot of energy. Many predatory fish of the deep sea are equipped with enormous mouths and sharp teeth, enabling them to hold on to prey and overpower ④ it. Some predators hunting in the residual light zone of the ocean ⑤ has excellent visual capabilities, while others are able to create their own light to attract prey or a mating partner.

● **bladder** (물고기의) 부레

23 다음 글의 밑줄 친 부분 중, 어법상 틀린 것은? (21년 고2 6월)

While working as a research fellow at Harvard, B. F. Skinner carried out a series of experiments on rats, using an invention that later became known as a "Skinner box." A rat was placed in one of these boxes, ① which had a special bar fitted on the inside. Every time the rat pressed this bar, it was presented with food. The rate of bar-pressing was ② automatically recorded. Initially, the rat might press the bar accidentally, or simply out of curiosity, and as a consequence ③ receive some food. Over time, the rat learned that food appeared whenever the bar was pressed, and began to press ④ it purposefully in order to be fed. Comparing results from rats ⑤ gives the "positive reinforcement" of food for their bar-pressing behavior with those that were not, or were presented with food at different rates, it became clear that when food appeared as a consequence of the rat's actions, this influenced its future behavior.

24 다음 글의 밑줄 친 부분 중, 어법상 틀린 것은? (21년 고2 3월)

While reflecting on the needs of organizations, leaders, and families today, we realize that one of the unique characteristics ① is inclusivity. Why? Because inclusivity supports ② what everyone ultimately wants from their relationships: collaboration. Yet the majority of leaders, organizations, and families are still using the language of the old paradigm in which one person — typically the oldest, most educated, and/or wealthiest — makes all the decisions, and their decisions rule with little discussion or inclusion of others, ③ resulting in exclusivity. Today, this person could be a director, CEO, or other senior leader of an organization. There is no need for others to present their ideas because they are considered ④ inadequate. Yet research shows that exclusivity in problem solving, even with a genius, is not as effective as inclusivity, ⑤ which everyone's ideas are heard and a solution is developed through collaboration.

25 다음 글의 밑줄 친 부분 중, 어법상 틀린 것은? (21년 고1 11월)

The reduction of minerals in our food is the result of using pesticides and fertilizers ① that kill off beneficial bacteria, earthworms, and bugs in the soil that create many of the essential nutrients in the first place and prevent the uptake of nutrients into the plant. Fertilizing crops with nitrogen and potassium ② has led to declines in magnesium, zinc, iron and iodine. For example, there has been on average about a 30% decline in the magnesium content of wheat. This is partly due to potassium ③ being a blocker against magnesium absorption by plants. Lower magnesium levels in soil also ④ occurring with acidic soils and around 70% of the farmland on earth is now acidic. Thus, the overall characteristics of soil determine the accumulation of minerals in plants. Indeed, nowadays our soil is less healthy and so are the plants ⑤ grown on it.

● **pesticide** 살충제

26 다음 글의 밑줄 친 부분 중, 어법상 틀린 것은? (21년 고1 9월)

An economic theory of Say's Law holds that everything that's made will get sold. The money from anything that's produced is used to ① buy something else. There can never be a situation ② which a firm finds that it can't sell its goods and so has to dismiss workers and close its factories. Therefore, recessions and unemployment are impossible. Picture the level of spending like the level of water in a bath. Say's Law applies ③ because people use all their earnings to buy things. But what happens if people don't spend all their money, saving some of ④ it instead? Savings are a 'leakage' of spending from the economy. You're probably imagining the water level now falling, so there's less spending in the economy. That would mean firms producing less and ⑤ dismissing some of their workers.

27 다음 글의 밑줄 친 부분 중, 어법상 틀린 것은? (21년 고1 6월)

There have been occasions ① <u>in which</u> you have observed a smile and you could sense it was not genuine. The most obvious way of identifying a genuine smile from an insincere ② <u>one</u> is that a fake smile primarily only affects the lower half of the face, mainly with the mouth alone. The eyes don't really get involved. Take the opportunity to look in the mirror and manufacture a smile ③ <u>using</u> the lower half your face only. When you do this, judge ④ <u>how</u> happy your face really looks — is it genuine? A genuine smile will impact on the muscles and wrinkles around the eyes and less noticeably, the skin between the eyebrow and upper eyelid ⑤ <u>are</u> lowered slightly with true enjoyment. The genuine smile can impact on the entire face.

28 다음 글의 밑줄 친 부분 중, 어법상 틀린 것은? (21년 고1 3월)

Although there is usually a correct way of holding and playing musical instruments, the most important instruction to begin with is ① <u>that</u> they are not toys and that they must be looked after. ② <u>Allow</u> children time to explore ways of handling and playing the instruments for themselves before showing them. Finding different ways to produce sounds ③ <u>are</u> an important stage of musical exploration. Correct playing comes from the desire ④ <u>to find</u> the most appropriate sound quality and find the most comfortable playing position so that one can play with control over time. As instruments and music become more complex, learning appropriate playing techniques becomes ⑤ <u>increasingly</u> relevant.

실전 종합 문제 | **141**

다지기

1 다음 글의 밑줄 친 부분 중, 어법상 틀린 것은?

Contractors that will construct a project may place more weight on the planning process. Proper planning forces detailed thinking about the project. It allows the project manager ① to build the project in his or her head. The project manager can consider different methodologies thereby ② deciding what works best or what does not work at all. This detailed thinking may be the only way to discover restrictions or risks that were not addressed in the estimating process. It would be ③ far better to discover in the planning phase ④ what a particular technology or material will not work than in the execution process. The goal of the planning process for the contractor ⑤ is to produce a workable scheme that uses the resources efficiently within the allowable time and given budget. A well-developed plan does not guarantee that the executing process will proceed flawlessly or that the project will even succeed in meeting its objectives. It does, however, greatly improve its chances.

● **execute** 실행하다

2 다음 글의 밑줄 친 부분 중, 어법상 틀린 것은?

Emma Brindley has investigated the responses of European robins to the songs of neighbors and strangers. Despite the large and complex song repertoire of European robins, they were able to discriminate between the songs of neighbors and strangers. When they heard a tape recording of a stranger, they began to sing sooner, sang more songs, and overlapped their songs with the playback more often than they ① were on hearing a neighbor's song. As Brindley suggests, the overlapping of song may be an aggressive response. However, this difference in responding to neighbor versus stranger occurred only when the neighbor's song was played by a loudspeaker ② placed at the boundary between that neighbor's territory and the territory of the bird being tested. If the same neighbor's song was played at ③ another boundary, one separating the territory of the test subject from another neighbor, it was treated as the call of a stranger. Not only ④ does this result demonstrate that the robins associate locality with familiar songs, but it also shows that the choice of songs used in playback experiments ⑤ is highly important.

● **robin** 울새 ● **territory** 영역

3   다음 글의 밑줄 친 부분 중, 어법상 틀린 것은?

As mobile communication platforms such as smartphones become more standard, important information that is available in face-to-face (F2F) communication through facial expression and body language ① <u>is</u> absent. This change could have an effect on the connectedness of groups and contribute to misunderstanding in communications. Consequently, research on emoticons has largely been dedicated ② <u>to determining</u> whether emoticons can provide the necessary socio-emotional context ③ <u>requiring</u> for meaningful communication. In general, some researchers have found that emoticons are useful to this end. These simple icons convey social and emotional cues ④ <u>that</u> are otherwise not available in electronic communications. In F2F communication, these cues are critical for proper interpretation of the message, understanding intent, perceiving emotion, and a number of other reasons. Before emoticons were used, this information was largely lost in electronic communications. After the advent of emoticons, communicators could include emotional and non-verbal-like information to fill this gap. Emoticons can lighten the mood, add sarcasm, express annoyance, and ⑤ <u>provide</u> a range of expressions to textual communications.

4   다음 글의 밑줄 친 부분 중, 어법상 틀린 것은?

Although cognitive and neuropsychological approaches emphasize the losses with age ① <u>that</u> might impair social perception, motivational theories indicate that there may be some gains or qualitative changes. Charles and Carstensen review a considerable body of evidence ② <u>indicating</u> that, as people get older, they tend to prioritize close social relationships, focus more on achieving emotional well-being, and ③ <u>attend</u> more to positive emotional information ④ <u>while</u> ignoring negative information. These changing motivational goals in old age have implications for attention to and processing of social cues from the environment. Of particular importance in considering emotional changes in old age ⑤ <u>are</u> the presence of a positivity bias: that is, a tendency to notice, attend to, and remember more positive compared to negative information. The role of life experience in social skills also indicates that older adults might show gains in some aspects of social perception.

● **cognitive** 인식의 ● **impair** 해치다

다음 글의 밑줄 친 부분 중, 어법상 틀린 것은?

Tavil feels he understands this buried world and he is ready to leave. But when he turns, the hole he'd climbed through no longer ① exists. In its place is a smooth wall of white tile, a continuation of the unending pattern throughout the tunnel. The broken scraps of debris that had littered the base of the hole are gone as well. And this is when he feels the ② horrifying truth of where he is: so deep underground ③ that the climb down made the muscles in his legs and arms ④ tremble. He is trapped. Brutally so. As if in a grave, in a tomb. Frightened, he claws at the tiles. He screams, not caring if someone hears; hoping they ⑤ are and will cast him out.

6 **다음 글의 밑줄 친 부분 중, 어법상 틀린 것은?**

More recently there have been attempts to argue that unpaid work is work because 'it is an activity that combines labour with raw materials ① to produce goods and services with enhanced economic value'. Economists such as Duncan Ironmonger have attempted to impute a dollar value on volunteering to enable its 'economic' value to be counted. Yet despite this, unpaid work and volunteering still remain outside the defined economic framework of our capitalist system ② because capitalism has competition and financial reward as its cornerstones and volunteering ③ does not. Having said that, it has been estimated that volunteering contributes about $42 billion a year to the Australian economy. Although attempts to quantify and qualify the financial importance of volunteering in supporting our economic structures and enhancing our social capital ④ continue to be made, it is slow going. And while volunteering remains outside the GDP, its true value and importance is neglected. Governments continue to pay lip service to the importance of volunteering but ultimately deny ⑤ them official recognition.

● **impute** 귀속시키다

7 다음 글의 밑줄 친 부분 중, 어법상 틀린 것은?

Amazingly, many businesses evaluate their customer service strategy by the number of complaints they get. 'We have very ① <u>few</u> complaints from our customers, so we don't need customer service training at the moment.' I am told this regularly when prospecting for new clients. Either that or, 'The number of complaints ② <u>has</u> dramatically decreased this year and we are very pleased, it seems our customer service initiatives are working'. Companies ③ <u>using</u> this type of measure are in denial. Although it is tempting to bury your head in the sand and believe no news ④ <u>being</u> good news, trust me, if customers are not complaining to you, then they are complaining to other people or they are just never using your business again. The concerning thing is ⑤ <u>that</u> customers who don't complain there and then increasingly post their views on the Internet and through the social networking sites; they are no longer telling nine or so people but are probably telling thousands!

8 다음 글의 밑줄 친 부분 중, 어법상 틀린 것은?

The designer in the Age of Algorithms ① <u>poses</u> a threat to American jurisprudence because the algorithm is only as good as the designer's understanding of the intended use of the algorithm . The person ② <u>designing</u> the algorithm may be an excellent software engineer, but without the knowledge of all the factors that need to go into an algorithmic process, the engineer could unknowingly produce an algorithm ③ <u>its</u> decisions are at best incomplete and at worst discriminatory and unfair. Compounding the problem, an algorithm design firm might be under contract ④ <u>to design</u> algorithms for a wide range of uses, from determining which patients awaiting transplants are chosen to receive organs, to which criminals facing sentencing should ⑤ <u>be given</u> probation or the maximum sentence. That firm is not going to be staffed with subject matter experts who know what questions each algorithm needs to address, what databases the algorithm should use to collect its data, and what pitfalls the algorithm needs to avoid in churning out decisions.

● **jurisprudence** 법체계　● **probation** 집행 유예　● **churn out** 잇달아 내다

다음 글의 밑줄 친 부분 중, 어법상 틀린 것은?

A basic principle in economics is that when the supply of something goes up, its price should go down. The puzzle was that in the twentieth century, there were prolonged periods ① <u>where</u> the reverse appeared to happen in the world of work. In some countries, there was huge growth in the number of highskilled people pouring out of colleges and universities, yet their wages appeared to rise rather than fall compared to ② <u>those</u> without this education. How could this be? The supply of highskilled workers ③ <u>did</u> grow, pushing their wages downward, but new technologies were skillbiased and so caused the demand for highskilled workers ④ <u>to soar</u>. The latter effect was so great that it overcame the former, so even though there were more educated people looking for work, the demand for them was so strong that the amount they ⑤ <u>paid</u> still went up.

10 **다음 글의 밑줄 친 부분 중, 어법상 틀린 것온?**

Despite numerous studies on the influence of mediated agendas on politics, most studies examine text only — as if media only deliver words. These studies looked at ① <u>how</u> reporters, analysts, and commentators verbally describe and criticize the candidates. But they often neglect ② <u>another</u> important source of influence: visuals. As some communication scholars said, "Stories are often complex combinations of visual and verbal content — all too often the visual information is so powerful ③ <u>that</u> it overwhelms the verbal." The challenge of tackling visuals to examine their influence ④ <u>is</u> multifaceted. The difficulties of gathering and coding visual data and of attributing impact to specific parts of images ⑤ <u>having</u> no doubt caused veritable scholars to shy away. But the potential impact of visuals on people's perceptions is simply too important to ignore. Furthermore, the importance of understanding both visuals and text in tandem cannot be understated.

11 다음 글의 밑줄 친 부분 중, 어법상 틀린 것은?

Despite excellent training, actors ① <u>inevitably</u> experience the visceral life of their characters, even if it is for brief moments during a performance. Selfperceptions are altered ② <u>during</u> the course of a performance, and even more so during long performance seasons. For many actors, they experience greater empathy and social cognition for their character, ③ <u>it</u> may intensify identity boundary blurring. As well, actors tend to employ more dissociative processes, which increase potential character boundary blurring. Actors also experience more unresolved mourning for past trauma and loss experiences because they continually draw from these experiences when ④ <u>portraying</u> characters. Adding to this tendency to merge with the creative work, audience members also confuse the character's personality with the actor's personality. Audience attribution errors may increase distress in the actor, including fearing ⑤ <u>that</u> their personality identity is not stable.

● **visceral** 마음속에서 느끼는 ● **dissociative** 분리적인

12 다음 글의 밑줄 친 부분 중, 어법상 틀린 것은?

The meritocratic emphasis on effort and hard work ① <u>seeks</u> to vindicate the idea that, under the right conditions, we are responsible for our success and thus capable of freedom. It also seeks to vindicate the faith that, if the competition ② <u>is</u> truly fair, success will align with virtue; those who work hard and play by the rules will earn the rewards they deserve. We want to believe that success, in sports and in life, is something we earn, not something we inherit. Natural gifts and the advantages they bring embarrass the meritocratic faith. They cast doubt on the conviction that praise and rewards flow from effort ③ <u>alone</u>. In the face of this embarrassment, we inflate the moral significance of effort and striving . This can be seen, for example, in television coverage of the Olympics, ④ <u>that</u> focuses less on the feats the athletes perform than on heartbreaking stories of the hardships and obstacles they have overcome, and the struggles they have gone through ⑤ <u>to triumph</u> over injury, or a difficult childhood, or political turmoil in their native land.

● **meritocratic** 능력주의의 ● **vindicate** (정당성을) 입증하다

13　다음 글의 밑줄 친 부분 중, 어법상 틀린 것은?

All any neuron in the brain ever "sees" is that some change occurred in the firing patterns of its upstream peers. It cannot tell whether such change ① is caused by an external disturbance or by the brain's constant self-organized activity. Thus, neurons ② located in networks of other neurons do not "know" what the brain's sensors are sensing ; they simply respond to their upstream inputs. In other words, the neurons have no way of relating or comparing their spikes to anything else because they only receive retinal correspondences or processed "representations" of the sensory input. But establishing correspondences without knowing the rules ③ by which those correspondences are constructed ④ are like comparing Mansi words with Khanty words when we understand neither language. Only after we have defined the vocabulary of one language ⑤ can we understand the corresponding meaning of words in the other. Similarly, without further information, sensory neurons can attach no meaning whatsoever to their spikes. Put simply, the mind's eye is blind.

14　다음 글의 밑줄 친 부분 중, 어법상 틀린 것은?

Turning good ideas into robust innovations requires that the ideas ① are changed from bare-bones possibilities to something in which investors can see value. Some great ideas ② are overlooked because their advocates did not provide a sufficiently compelling picture of the potential attractiveness of the innovation. Instead, the advocates hoped that the value would be self-apparent (it seldom is) or they made ③ inflated projections of the timing and size of the return on the investment, thereby ④ alienating the investors who distrust hype. The process of idea management should include a process step that turns the idea into a sufficiently complete picture ⑤ in which potential investors can see the real value and risks of investing. This "deal-making" process resembles the investment process that venture capitalists require for their investments under consideration.

● **robust** 탄탄한　● **inflate** 과장하다　● **hype** 과대광고

15 다음 글의 밑줄 친 부분 중, 어법상 틀린 것은?

Consumer fairness can help explain a number of economic phenomena. Daniel Kahneman, Jack Knetsch, and Richard Thaler argued that concerns about fairness effectively prevented firms from ① <u>maximizing</u> profits. In one survey, the vast majority of respondents regarded a firm that would raise shovel prices after a snowstorm as engaging in unfair behavior. In another survey, respondents were told about a landlord ② <u>whose</u> rising costs forced him to raise the rent on a poor tenant, even though the increase might force the tenant ③ <u>to move</u>. Seventy-five percent of respondents found the action ④ <u>unfairly</u>. While consumers do not begrudge firms a profit motive, they do not like profits to come at the expense of people. Respondents viewed salary cuts ⑤ <u>undertaken</u> by a struggling company as fair, but unfair when imposed by a profitable company. Ultimately, consumer fairness flows from a dual entitlement principle that binds both buyers and sellers. Buyers believe they are entitled to a purchase price roughly comparable to a "reference transaction," or a transaction that recently occurred within both the firm's and its customers' community or frame of reference. Sellers, meanwhile, are entitled to a profit "within the limits of the reference transaction."

● **begrudge** (~이 …을 갖는 것을) 못마땅해하다

실전 종합 문제 답지

최근 기출

1 정답 ② 문제의 자리는 as가 이끄는 문장의 동사이고 주어와 떨어져 있으므로 수일치 문제이다. as가 이끄는 문장의 첫 번째 명사 patients가 주어이므로 복수 동사 know가 맞다.

① if가 이끄는 절은 현재 사실에 반대되는 가정의 상황을 표현하고 있는 가정법 과거이므로 과거형 동사 had는 어법상 맞다.

③ 준동사 자리이고 free up이 해방하다란 뜻으로 뒤에 명사가 나와 있으니 현재분사가 맞다.

④ the older parts of our brain을 강조하는 「It is ~ that ...」 강조 구문을 이루는 that은 어법상 맞다.

⑤ 앞에 선행사가 없고 what이 이끄는 문장이 perceive의 목적어가 없는 불완전한 문장이라 what이 맞다.

2 정답 ② 자리 판단을 해봤을 때 접속사나 관계사가 없으니 동사 1개가 필요한 문장이고 will depend가 동사이므로 더이상 동사는 필요하지 않다. 문제의 자리는 준동사 자리이므로 last는 무조건 틀렸다. 자동사이므로 lasting이 되어야 한다.

① 형용사 부사 문제이고 2, 5형식 동사가 없으니 문제의 밑줄 부분을 지워서 나머지 문장이 완전하면 부사, 불완전하면 형용사로 푼다. 나머지 문장이 수동태 문장으로 완전한 문장이니 부수 loosely가 맞다.

③ 준동사 자리 to v는 무조건 맞다는 논리로 역시 앞에 will depend 동사가 있으므로 to v가 맞다.

④ 준동사 자리이고 travel이 자동사이므로 현재분사 traveling이 맞다.

⑤ 뒤 문장이 주어가 빠져있는 불완전한 구조이므로 관계대명사 주격 which가 맞다.

3 정답 ⑤ give는 4형식 동사로 목적어가 2개 있어야 능동이다. 뒤에 간접 목적어(~에게)가 빠져나간 문장으로 수동태 have been given이 맞다.

① 준동사 자리 to v는 무조건 맞다는 논리로 앞에 train이라는 동사가 있으므로 문제의 자리는 준동사 자리여서 to v가 무조건 맞다.

② 형용사/부사 문제로 앞에 5형식 동사 make가 있으므로 형용사 easy가 맞다.

③ 대명사 문제로 it은 문맥상 앞에 experience 단수 명사를 받고 있으므로 it이 맞다.

④ avoids와 병렬로 starts가 맞다.

4 정답 ④ what의 성격은 앞에 선행사가 없어야 하고 뒤 문장이 불완전해야 한다. 그런데 뒤 문장이 주어 be동사 형용사의 패턴으로 완전한 문장이다. 그러므로 that이 맞다.

① 부정대명사로 단수 명사 받으면 one, 복수 명사 받으면 ones이다. 문장에서 metaphors를 받고 있으므로 ones가 맞다.

② 앞에 전치사에 이어지는 부분으로 무조건 준동사 자리이다. 동명사 engaging이 맞다.

③ 자리판단을 해보니 접속사나 관계사가 2개(that, that)이므로 동사가 3개 있어야 한다. are, are, are 동사가 3개 다 나왔으니 문제의 자리는 준동사 자리이고 뒤에 명사가 나와 있으니 현재분사

changing이 맞다.

⑤ the meaning을 주어로 하는 is와 병렬로 requires가 맞다.

5 **정답** ⑤ which는 뒤 문장이 불완전해야 하는 관계대명사이다. 그러나 뒤 문장이 수동태 문장으로 수동태 문장은 무조건 1~3형식을 취하는 완전한 문장이다. 그러므로 where가 맞다.

① 문장 전체의 동사자리이고 주어가 문장 첫 번째 명사 one으로 떨어져 있으니 수일치 문제이다. 그러므로 단수 is가 맞다.

② 대명사 문제로 문맥상 앞에 things를 받고 있으니 them이 맞다.

③ whether이 이끄는 문장은 명사 역할을 한다. 전치사 of 뒤에는 당연히 명사가 나오므로 명사 역할을 하는 whether는 맞다.

④ 동사의 활용 문제로 자리판단을 했을 때 접속사나 관계사가 따로 없으므로 동사 1개가 필요한데 has가 나와 있으므로 문제의 자리는 준동사 자리이다. 즉 현분/과분 묻는 문제이다. 뒤에 목적어가 없으므로 과거분사 involved가 맞다.

6 **정답** ④ 앞에 have라는 동사가 있으므로 준동사 자리로 to make가 맞다.

① 동사의 활용 문제로 자리판단을 했을 때 that이 이끄는 문장에 동사 are이 있으므로 준동사 자리이고 뒤에 목적어 Sun이 있으므로 현재분사가 맞다.

② to do so를 진주어로 하는 가주어 it은 맞다.

③ account 와 병렬로 respond가 맞다.

⑤ 전치사 + 관계대명사 패턴으로 관계부사이다. 뒤 문장은 완전해야 한다. 뒤 문장이 '우리는 그 과정을 나아가기 위해서 협동할지도 모른다.' 완전한 문장이다. 관계부사 on which는 맞다.

7 **정답** ⑤ 소유격 관계 대명사로 뒤에 당연히 명사가 나와야 한다. 그러나 뒤에 result from은 동사이므로 주격 관계대명사 which나 that으로 바꿔야 한다.

① 동사의 활용 문제로 앞에 became이라는 동사가 있으므로 준동사 자리이다. 뒤에 목적어가 없으니 과거분사 employed가 맞다.

② 형/부 문제로 2, 5형식 동사가 안 보이므로 문장의 부사 evenly를 지운다. 나머지 문장이 수동태 문장으로 완전하므로 밑줄 부분은 없어도 되는 부사가 맞다.

③ 문장 첫 번째 명사 sections가 주어인 동사 자리로 수일치 문제이다. 주어가 복수이니 were가 맞다.

④ provided 과 병렬로 inspired가 맞다.

8 **정답** ⑤ or 앞뒤에 병렬 문제이다. look과 병렬로 smile이 맞다.

① that은 관계대명사, 접속사 다 가능하므로 앞에 명사가 나와 있으면 동격의 접속사나 관계대명사로 무조건 맞다. 뒤 문장은 완전한 문장으로 접속사로 맞다.

② 수일치 문제로 주어는 문장 첫 번째 명사(동명사)이다. 주어가 smiling 동명사이므로 동사는 단수 동사 disappears가 맞다.

③ 대명사 문제로 문맥상 blind babies를 대신 받고 있으므로 them이 맞다.

④ to v 문제로 앞에 operates동사가 있으므로 준동사 자리 to v는 무조건 맞다.

9 정답 ③ what의 성격은 앞에 선행사가 못 오고 뒤 문장이 불완전해야 한다. 그런데 우선 뒤 문장이 주어 동사 목적어의 완전한 패턴의 문장이므로 what은 올 수가 없다. in farming village를 강조하는 It ~that 강조구문으로 that이 맞다.

① which가 이끄는 문장의 동사자리로 수동태가 맞는지 묻는 문제이다. 뒤에 목적어가 없으므로 수동태가 맞다.

② 수일치 문제로 문장 첫 번째 명사 Examination이 주어이므로 단수 동사 has가 맞다.

④ 형/부 문제로 2, 5형식 동사가 앞에 없으니 문장의 부사를 지워본다. 나머지가 완전한 문장이므로 없어도 되는 부사 undoubtedly가 맞다.

⑤ was가 문장의 동사이고 질문 자리는 준동사 자리이다. 뒤에 명사가 있으니 현재분사 opening이 맞다.

10 정답 ② give가 4형식 동사이고 뒤에 목적어가 2개 나와야 하는데 앞으로 간접 목적어가 빠져나갔으므로 수동태 문장이 되어야 한다. 그러므로 are given이 되어야 한다.

① 주어가 retrieval 단수이므로 단수 동사 leads가 맞다.

③ 관계부사 where이므로 완전한 문장이 뒤에 나와야 한다. 뒤 문장이 '정확한 답이 인정될 필요가 있다'로 완전한 문장이어서 맞다.

④ 대명사 문제로 문맥상 answers를 받는 them이 맞다.

⑤ 콤마와 콤마 사이에 삽입 구문으로 들어갔다는 깃 자체가 준동사 자리이고 앞에 전치시기 있으니 동명사 making이 맞다.

11 정답 ④ 앞에 접속사가 나와 있는 분사구문으로 뒤에 목적어가 없으니 과거분사 used가 맞다.

① 앞에 명사가 나와 있고 that에 밑줄 쳐 있는 경우는 무조건 맞다.

② 수일치 문제로 주어가 this이므로 is가 맞다.

③ 부정대명사로 문맥상 behaviors를 받고 있으므로 ones가 맞다.

⑤ 앞에 선행사가 없고 뒤에 does의 목적어가 없으므로 불완전한 문장으로 what이 맞다.

12 정답 ② 병렬 문제로 and 앞에 to v가 전혀 보이지 않는다. find와 병렬로 count가 맞다.

① 앞에 명사가 나와 있고 that에 밑줄 쳐 있는 경우는 무조건 맞다.

③ 앞에 has 동사가 있으므로 준동사 자리이다. that 이하가 목적어 역할을 하므로 현재분사 showing이 맞다.

④ 수일치 문제로 those가 주어이므로 복수 are가 맞다.

⑤ 접속사나 관계사가 that, who 2개이므로 동사는 3개가 필요하다. conducted, took, were 동사 3개가 다 나왔으니 밑줄 자리는 준동사 자리가 맞다. 뒤에 that절이 목적어 역할을 하는 현재분사가 맞다.

13 정답 ④ 관계대명사 which는 뒤 문장이 불완전해야 한다. 그러나 뒤 문장이 수동태 문장이므로 무조건 완전한 문장이다. 그러므로 where이나 into which가 맞다.

① 수일치 문제로 주어가 being이므로 단수동사 brings가 맞다.
② 형/부 문제로 find가 5형식이므로 find 목 형용사 패턴인데. find ourselves(목) privileged(형용사)로 완전한 문장이므로 앞에 부사는 없어도 된다. 그러므로 부사가 맞다.
③ 준동사 자리이고 주어 역할 하는 동명사 adapting이 맞다.
⑤ 재귀대명사 문제로 문맥상 '우리가 우리 자신을 발견하도록 강요한다.'로 재귀대명사가 맞다.

14 정답 ⑤ what→ that : 뒤 문장이 주어 be 동사 형태의 완전한 문장으로 접속사 that이 맞다.

① 준동사 자리이므로 현분/과분의 문제다. 뒤에 목적어가 없으니 과거분사가 맞다.
② 문맥상 an experiment를 대신하는 대명사로 it이 맞다.
③ 형용사/부사 문제로 2형식, 5형식 동사가 앞에 없을 때는 문제의 형/부를 지운다. 지운 후 나머지 문장은 해석이 자연스러운 완전한 문장이니 부사가 맞다.
④ 수일치 문제로 주어가 knowing이니 단수 취급이 맞다.

15 정답 ④ what → that : 뒤 문장이 완전하므로 접속사 that이 맞다.

① 준동사 자리이고 뒤에 목적어가 있으므로 현재분사 producing이 맞다.
② 매력적인 오답이었다. 얼핏 보면 대동사라 앞에 becomes이니 did라고 생각할 수도 있는 문제였다. 결국, 묻는 것은 그 자리에 was가 가능하냐인데 뒤에 large라는 형용사가 생략된 것으로 large 앞에 be동사는 자연스럽다. 그리고 become이란 동사는 be동사로 대체 가능한 부분이라 어차피 가장 아닌 것을 골라야 하는 것이기에 답 고르는 데 어렵지는 않았지만 참 신선했다. 워낙 4번 선택지가 쉽게 답이라서 정답률이 낮지는 않았던 문제이다.
③ 앞에 shifts와 병렬로 differentiates가 맞다.
⑤ 앞에 being이 생략된 분사구문이다. 분사구문으로 밑에처럼 형용사가 가능하다.

> **ex** <u>Kind</u> to everyone, she is popular.
> She is popular, <u>kind</u> to everyone .

16 정답 ② as → than : 앞에 more이 나오는 비교급 구문이므로 than이 맞다.
(be more concerned with writing than with providing)

① 도치구문을 묻는 문제로 문법적 도치에 해당된다. ***so v s, nor v s 패턴***

> **ex** I don't like opera, nor does she .
> 나는 오페라를 좋아하지 않는다. 그녀도 그렇다.

③ 준동사 자리이고 consist는 자동사이므로 무조건 ing가 맞다.
④ 준동사 자리에 to v는 무조건 맞다. 영어에서 being이나 to be는 생략도 가능하다. 그래서 consider 목 (to be) 형 형태가 나오게 된 것이다.
⑤ 형/부 문제로 문제의 부사를 지워도 나머지 문장이 완전하므로 부사가 맞다.

17 정답 ④ 수일치 문제로 주어가 comparing 3인칭 단수이므로 risks가 맞다.

① 부정대명사로 앞에 creatures를 받는 ones가 맞다.
② 형용사/부사 문제로 앞에 2형식 동사 feel이 있으므로 형용사가 맞다.
③ 준동사 자리 to v는 무조건 맞다.
⑤ 앞문장 전체를 받고 뒤 문장이 불완전하므로 which가 맞다.

18 정답 ② approached → approaching : 준동사 자리이고 뒤에 목적어 a local art ~ 가 있으니 현재분사가 맞다.

① 뒤 문장이 완전한 문장이므로 관계부사가 맞다.
③ 수일치 문제로 주어가 문장 첫 번째 명사 element이니 단수 is가 맞다.
④ as는 전치사, 접속사 다 쓰인다. 그러므로 뒤에 s v 가 온 접속사로 쓰여도 상관 없다.
⑤ 준동사 자리에 to v는 무조건 맞는 어법이다. to v는 동사를 제외한 명사, 형용사, 부사 모든 역할을 다 할 수 있다.

19 정답 ③ which → that : 뒤 문장이 완전한 문장이므로 앞에 strong guarantees와 동격을 이루는 접속사 that이 맞다.

① 수일치 문제로 주어가 commonality이므로 단수 is가 맞다.
② prey를 대신하는 대명사로 it이 맞다.
④ 형용사/부사 문제로 앞에 5형식 동사 keep이 있으므로 keep 목 형용사로 형용사가 맞다.
⑤ 준동사 자리이므로 현분/과부의 문제이다. 다만 조심해야 할 게 앞에서 꾸며줄 때는 꾸밈을 당하는 대상과의 능농 수동 관계를 파악한다. 즉 정보가 전달하냐 전딜 되냐의 문제이다. 징보가 사람이 아니므로 전달되는 것이니 과거분사 communicated이 맞다.

20 정답 ⑤ discovers → discover : 문맥상 ability를 꾸며주는 to see와 병렬이므로 discover가 맞다. to는 생략할 수 있다.

① 대명사 문제로 복수 명사인 humans의 소유격 대명사를 나타내므로, their가 맞다.
② 수일치 문제로 주어는 Stonehenge이므로 단수 is가 맞다.
③ 뒤 문장이 완전한 (주어 +자동사 : 자동사는 목적어가 필요가 없다.) 문장이므로 관계부사가 맞다.
④ 뒤에 목적어가 없으므로 be p.p. 형태가 맞다.

21 정답 ⑤ creating → create : 질문의 자리는 동사가 들어갈 자리이다. (접속사나 관계사가 how, that 2개이므로 동사 3개가 필요한데 lable, might result 2개밖에 보이지 않으니 질문의 자리는 동사 자리) 주어가 differences이므로 create가 맞다.

① 준동사 자리이므로 현분/과분 문제인데 뒤에 목적어가 없으므로 과거분사가 맞다.
② 준동사 자리에 to v는 무조건 맞다.
③ 뒤 문장이 완전한 문장이므로 관계부사가 맞다.
④ 관계사가 이끄는 문장의 수일치이므로 선행사 pain에 수를 맞춰야 한다. 그러므로 단수동사 extends가 맞다.

22 정답 ⑤ has → have : 수일치 문제로 주어가 문장 첫 번째 명사 predators이므로 복수동사 have가 맞다.

① 준동사 자리이므로 현분/과분의 문제이다. consist는 대표적인 자동사이므로 목적어가 필요가 없다. 무조건 현재분사가 맞다.
② 준동사 자리에 to v는 무조건 맞다. allow 목 to v 로 풀어도 상관없다.
③ 앞에 명사가 있고 뒤에 주어가 빠진 불완전한 문장구조이다. 그러므로 관계대명사 that은 맞다. (that 앞에 명사가 나와 있으면 그 어법은 무조건 맞는 어법이다. 뒤 문장이 불완전하면 관계사, 뒤 문장이 완전하면 동격의 접속사로 맞기 때문이다.)
④ 대명사 문제로 단수 명사 prey를 대신 받는 it이 맞다.

23 정답 ⑤ gives → given : 문장 구조가 comparing ~ , s v 의 분사구문(부사역할: 문장에서 필요 없는) 형태이다. 그러므로 질문의 자리는 준동사 자리이다. 즉 현재분사와 과거분사의 문제이다. give 는 4형식으로 쓰여서 목적어가 2개가 필요한데 간접 목적어가 빠져서 목적어가 하나뿐이므로 과거분사 given이 맞다. (뒤에 목적어가 있으면 현분, 없으면 과분의 예외조항)

① 뒤 문장이 주어가 빠진 불완전한 문장이므로 which가 맞다.
② 형/부 문제로 질문의 부사 자리를 지우면 나머지가 수동태 문장으로 완전하므로 부사가 맞다.
③ 앞에 press와 병렬 문제로 receive가 맞다.
④ 대명사 문제로 bar를 대신하므로 it이 맞다.

24 정답 ⑤ which → where : 뒤 문장이 수동태로 완전한 문장 패턴이다.

① 수일치 문제로 주어가 one이니 is가 맞다.
② what의 성격은 앞에 선행사가 나오지 못하고 뒤 문장이 불완전해야 한다. 선행사가 없고 뒤 문장이 want의 목적어가 빠진 불완전한 문장이니 맞다.
③ 준동사 자리이고 result가 대표적인 자동사이므로 현재분사가 맞다.
④ 형용사/부사문제로 앞에 5형식 동사 consider이 있으므로 형용사가 맞다.

25 정답 ④ occurring → occurs : 접속사 and가 하나 있으므로 동사가 2개 필요한데 동사가 is하나밖에 없다. 그러므로 질문의 자리는 동사 자리로 occur가 맞다.

① 앞에 명사가 있고 뒤 문장은 주어가 빠진 주격 관계대명사로 맞다.
② 수일치 문제로 주어가 문장 첫 번째 동명사 fertilizing이므로 단수 동사 has가 맞다.
③ due to가 이끄는 전치사구 안에 있는 준동사 자리이므로 동사를 쓸 수는 없다. 그러므로 being 이 맞다.
⑤ 준동사 자리로 현분/과분 문제이다. 뒤에 목적어가 없으니 과거분사 grown이 맞다.

26 정답 ② which → where : 뒤 문장이 주어 동사 that 이하 목적어까지 완전한 문장이므로 관계부사가 맞다.

① be used to + v / v -ing을 묻는 문제로 주어가 사람이면 v-ing 사물이면 v라고 했다. 주체가

money사물이므로 buy가 맞다.

③ because가 접속사이므로 뒤에 s v가 나와야 하고 맞다. 참고) because of + 명사

④ 대명사 문제로 money를 대신 받는 대명사 it이 맞다.

⑤ 병렬 문제로 producing과 병렬이므로 맞다.

27 정답 ⑤ are → is : 수일치 문제로 주어가 the skin이므로 is가 맞다.

① 전치사 + 관계대명사는 관계부사와 같다. 즉 뒤 문장이 완전해야 한다. 뒤 문장이 주어 동사 목적어의 패턴으로 완전하므로 맞다.

② 부정대명사로 앞에 smile 단수 명사를 받으므로 one이 맞다. 복수이면 ones가 온다.

③ 준동사 자리이고 뒤에 목적어 the~가 있으므로 현재분사가 맞다.

④ how의 성격은 how가 이끄는 문장이 명사 역할을 해야 하고 뒤 문장이 완전해야 한다. judge의 목적어 역할을 하며 뒤 문장이 완전하므로 맞다.

28 정답 ③ are → is : 수일치 문제로 주어가 finding이므로 단수동사 is가 맞다.

① 뒤 문장이 주어 + be 동사 패턴의 완전한 문장이므로 접속사 that이 맞다.

② 동사 자리이므로 allow로 시작하는 명령문이 맞다.

④ 준동사 자리에 to v는 무조건 맞다.

⑤ 형용사/부사 문제로 2,5형식 동사가 없으니 질문의 부사를 지운다. 나머지가 완전한 문장이니 부사가 맞다.

다지기

1 정답 ④ what →that

① allow 목 to v 정해진 패턴으로 to v가 맞다.

② 자리는 준동사 자리이고 뒤에 what이 이끄는 목적어가 있으니 능동의 deciding이 맞다.

③ far가 비교급을 강조하는 것으로 맞다 . 비교급 강조해주는 것으로 even, much, still, a lot 등이 있다.

⑤ 수일치 문제로 주어는 문장 첫 번째 명사인 goal 이므로 단수 is가 맞다.

2 정답 ① were → did : 대동사를 묻는 문제로써 began, sang, overlapped를 대신 받는 동사가 나와야 한다. 일반동사를 대신 받을 때는 do동사를 써야 한다. 그러므로 시제를 맞춰서 did.

② 준동사 자리에 목적어가 없으니 과거분사 placed가 맞다.

③ 부정대명사로 another + 단수명사 / other + 복수명사 , 뒤에 단수명사니 another가 맞다.

④ 부정어구가 문두에 오면 주어와 동사가 도치가 된다. does this result 가 맞다.

⑤ 수일치 문제로 주어가 choice이므로 단수 is가 맞다.

3　**정답**　③ requring → required : 준동사 자리이고 뒤에 목적어가 없으니 과거분사 required가 맞다.

① 수일치 문제로 주어가 important information이므로 단수 동사인 is가 맞다.

② 동명사의 관용적 표현인 dedicate 목 to ~ing. to가 전치사이므로 뒤에 동명사가 오는 게 맞다.

④ 선행사가 emotional cues이고 뒤 문장이 주어가 빠진 불완전한 문장이므로 관계대명사 주격 that이 맞다.

⑤ lighten, add, express 와 병렬 관계로 provide가 맞다.

4　**정답**　⑤ are→ is : 형용사구(of particular importance)가 문두로 강조된 도치구문이다. 주어는 the presence로 is 가 맞다.

① 뒤 문장 주어가 빠진 주격 관계대명사로 that이 맞다.

② 준동사 자리로 that 이하가 목적어이므로 현재분사 indicating이 맞다.

③ prioritize, focus 와 병렬이므로 attend가 맞다.

④ 뒤에 주어와 be동사가 생략된 분사구문으로 접속사 while이 맞다.

5　**정답**　⑤ are→ do : 대동사를 묻는 문제로 앞에 hears라는 일반동사를 대신 받을 수 있는 do가 맞다.

① 수일치 문제로 주어는 the hole이므로 단수동사 exists가 맞다.

② 감정동사를 묻는 문제로 주체가 truth이므로 주체가 사물일 때는 ~ing를 쓴다. 따라서 horrifying이 맞다.

③ 뒤 문장이 완전한 문장이므로 접속사 that이 맞다. 또한 앞에 so와 연결되어서 so~that구문으로 풀어도 괜찮다.

④ 준동사 자리에 동사 원형이 나올 때는 딱 2가지다. 지각동사와 사역동사. 앞에 made가 사역동사 이므로 동사원형 tremble이 맞다.

6　**정답**　⑤ them → it : the importance of volunteering을 받는 대명사이므로 it이 맞다.

① 준동사 자리에 to v는 거의 무조건 맞다. 동사를 제외한 모든 역할을 하기 때문이다. 준동사 자리 이므로 to produce가 맞다.

② because가 접속사이므로 뒤에는 절(s+v)이 와야 한다. 완전한 절을 갖추고 있으므로 because 가 맞다.

③ 앞에 일반동사 has를 받는 대동사 does는 문제없다.

④ attempts가 주어이므로 복수동사 continue가 맞다.

7　**정답**　④ being → is : believe 뒤에 접속사가 생략되어서 동사 자리이므로 is가 맞다.

① 셀 수 있는 명사 complaints 앞에 few는 맞다. (little + 셀 수 없는 명사)

② The number가 주어이므로 단수동사 is가 맞다.

③ 준동사 자리이면서 뒤에 목적어 this type이 있으므로 현재분사 using이 맞다.

⑤ 뒤 문장이 완전한 문장이므로 접속사 that이 맞다.

8 정답 ③ its → whose : 뒤에 동사가 나오므로 접속사 역할을 하면서 앞에 an algorithm을 받는 대명사 역할까지 해야 하는 관계대명사 whose가 맞다.

① 수일치 문제로 designer가 주어이므로 단수동사 poses가 맞다.
② 준동사 자리이고 뒤에 목적어 the algorithm이 있으므로 현재분사 designing이 맞다.
④ 준동사 자리에 to v 는 무조건 맞다.
⑤ 동사 자리이니 수동태/능동태의 문제이다. give라는 동사는 4형식 동사로 목적어가 2개 나와야 하는 동사이다. 그러나 뒤에 목적어가 하나 빠진 한 개밖에 없으므로 수동태 be given이 맞다.

9 정답 ⑤ paid → were paid : pay는 4형식 동사로 목적어가 2개 나와야 하는 동사인데 앞에 생략된 관계사가 있어 하나가 빠져 나갔고 그럼 나머지 하나가 있어야 하는데 그 목적어가 없으므로 지불 받는다라는 수동태 형태를 써야 한다.

① 뒤 문장이 완전한 문장이므로 관계부사 where이 맞다.
② 내용상 앞에 people 받는 대명사이므로 복수의 those가 맞다.
③ grow를 강조하는 강조동사로 시제에 맞춰 did가 맞다.
④ cause 목 to v 패턴으로 to soar이 맞다. (준동사 자리에 to v는 무조건 맞다도 괜찮음)

10 정답 ⑤ having → have

① how가 이끄는 문장은 명사절 역할을 한다. 그러므로 전치사 at의 목적어 역할과 동시에 뒤 문장이 완전하므로 how가 맞다.
② another + 단수명사, other + 복수명사로 another가 맞다.
③ 뒤 문장이 완전하므로 접속사 that이 맞다. so~that 구문이다.
④ 수일치 문제로 The challenge가 주어이므로 is가 맞다.

11 정답 ③ it → which : 뒤에 동사 may가 하나 더 나왔으니 앞 문장을 받아주는 접속사 + 대명사 역할도 하는 관계사 which가 맞다.

① 형용사/부사 문제로 밑줄 친 부사를 지워도 나머지가 완전하니 부사 inevitably가 맞다.
② during 뒤에는 명사가 오므로 맞다.
④ 접속사 뒤에 ~ing가 오는 문장으로 분사구문이다. 분사구문이란 얘기는 준동사 자리라는 얘긴데 즉 현분/과분의 문제이다. 뒤에 목적어가 있으므로 portraying이 맞다.
⑤ 뒤 문장이 완전하므로 fearing의 목적어 역할을 하는 접속사 that이 맞다.

12 정답 ④ that → which : 앞에 콤마가 있는 계속적 용법의 관계대명사이므로 that이 올 수 없다.

① 수일치 묻는 문제로 emphasis가 주어이므로 단수동사 seeks가 맞다.
② 시간과 조건의 부사절에서는 현재가 미래를 대신한다. 그러므로 주절이 미래 시점이지만 is가 맞다.
③ a로 시작하는 형용사(alone, alive, alike)는 뒤에 명사가 올 수 없다. 그래서 alone이 맞다.
⑤ 준동사 자리 to부정사는 무조건 맞다.

13 정답 ④ are → is : 수일치 문제로 주어가 establishing 동명사이므로 단수 is가 맞다.

① 동사자리이고 뒤에 목적어가 없으므로 수동태 is caused가 맞다.

② 준동사 자리이고 뒤에 목적어가 없으므로 과거분사 located가 맞다.

③ 전치사 + 관계대명사는 관계부사 역할로 뒤 문장이 완전해야 한다. 뒤 문장이 수동태 문장으로 완전하므로 by which가 맞다.

⑤ 도치 문제로 문장 맨 앞으로 only가 강조되어 나왔으므로 주절에 주어동사가 도치가 되어 can we~가 맞다.

14 정답 ① are → be : that 앞에 명령, 제안, 요구, 주장의 동사 require이 있고 that 이하가 '~해야 한다'가 말이 되므로 should가 생략되어 있는 형태이다.

② 동사자리이고 뒤에 목적어가 없으니 수동태가 맞다.

③ 준동사 자리이니 현분/과분 문제이고 앞에서 꾸며줄 때에는 수식 받는 것과의 관계를 본다. 즉 projection(추정)이 부풀리는 게 아니라 부풀려지는 것이므로 맞다.

④ 준동사 자리이고 뒤에 목적어가 있으니 현재분사가 맞다.

⑤ 전치사 + 관계대명사는 관계부사이다. 즉, 뒤 문장이 주어 동사 목적어 다 있는 완전한 문장이므로 맞다.

15 정답 ④ unfairly → unfair : 형/부 문제로 앞에 5형식 동사 find가 있으므로 find 목 형용사. 즉 형용사가 맞다.

① prevent 목 from ~ing 동명사의 관용적 표현으로 동명사가 맞다.

② 뒤에 명사가 나오므로 소유격 관계대명사가 맞다.

③ 준동사 자리에 to v는 무조건 맞다.

⑤ 준동사 자리이고 뒤에 목적어가 없으니 과거분사 undertaken이 맞다.

필수 어법 7개 초간단 정리

1 동사의 활용

★ 동사 비슷한게 나오면 2번 공식으로 제일 먼저 자리 판단을 한다. 이후 자리가 결정되면 3번으로 풀면 된다.

(point 1) 준동사
① to-V (to 부정사)
② V-ing (동명사)
③ V-ing (현재분사)
   p.p. (과거분사)

(point 2) 자리판단 – 동사자리 / 준동사 자리
접속사(관계사) + 1 = 동사개수

(point 3) 능동/수동

	능동 (목적어 ○)	수동 (목적어 ×)
동사 자리	능동태	수동태(be+p.p.)
준동사 자리	현재분사(V-ing)	과거분사(p.p.)

2 형용사 · 부사

★ 형용사 · 부사 문제가 나오면 제일 먼저 2형식 동사나 5형식 동사가 있는지 확인한다. 있다면 답은 형용사. 없다면 문제의 형용사, 부사를 지우고 나머지 문장이 완전하면 부사, 불완전하면 형용사를 고른다.

(point 1) 시험에 자주 나오는 2형식 동사 7개
(look,s mell, taste, sound, feel, appear, seem) + 형용사

(point 2) 시험에 자주 나오는 5형식 동사 4개
(make, keep, consider, find) + 목 + 형용사

선행사 \ 격	주격 (뒤에 동사가 옴)	소유격 (뒤에 명사가 옴)	목적격 (뒤에 S+V가 옴)
사람	who	whose	whom(who)
사물 · 동물	which	whose (of which)	which
사물 · 동물 · 사람	that	X	that
X	what	X	what

point 1   관계대명사 앞 부분에서 선행사를 파악한다.

point 2   관계대명사 뒤 부분에서 격을 파악한다.

point 3   what / that

① 선행사 ○ → that
   선행사 X → 뒤 문장을 본다.

② 뒤 문장이 완전하면 → that (접속사)
   뒤 문장이 불완전 → what

point 4   what / which

선행사 ○ → which
선행사 X → what

point 5   which / that

① 뒤 문장을 먼저 본다. 뒤 문장이 완전하면 that을 쓴다.
② 뒤 문장이 불완전하면 둘 다 되므로 앞에 ,(콤마)나 전치사가 있는지 살핀다.
   ⇒ 관계사 that은 ,(콤마)나 전치사가 올 수 없다.

point 6   관계대명사 / 관계부사

뒷문장이 완전하면 → 관계부사
불완전하면 → 관계대명사

★ 완전한 문장 · 불완전한 문장 구별 방법

point 1 완전한 문장 : 1~5형식을 갖추고 있는 문장 (해석이 깔끔한 문장)

1. 수동태 문장

① ~ that **self-concept had <u>been secured</u>** before seeing the rebel by reflecting on an important quality or value.

② However, efforts are on to have a built environment where <u>**loss of life is minimized**</u>.

2. S + be (1형식, 2형식)

① That <u>**cell metabolism and structure should be complex**</u> would not be surprising.

② He claimed that without such interaction, <u>**success would be very difficult**</u> to achieve.

3. S + V + 명사

① Computer companies have even begun to advertise ways in which <u>**computers can replace parents**</u>.

point 2 불완전한 문장

1. 주어가 빠진 경우

① There is a tendency to think primarily in terms of what <u>**is visible**</u> today:

② When coders made the first blogging tools in the late '90s and early '00s, which <u>**produced**</u> an explosion of self-expression.

③ There are lessons within our lives that <u>**may be**</u> much more apparent in the darkness of our despair because we focus more intensely.

2. 목적어가 빠진 경우

① ~ that <u>**they encounter**</u>.

② You also need to imagine what <u>**they could have done**</u>.

③ ~ the benefits that __our individual brains have earned__ from their individual histories of trial and error.

4 to부정사

point 1 자리 판단을 해서 준동사 자리라면 to부정사는 무조건 맞다.
이유 : to 부정사는 문장에서 동사를 제외한 명사, 형용사, 부사 역할이 모두 가능하기 때문에

point 2 동사 + 목 + to-V
advise, allow, ask, cause, enable, encourage, expect, force, persuade, warn, permit, teach, tell, want

point 3 to have p.p.
앞에 나온 동사보다 먼저 일어난 일

5 수일치

point 1 주어를 먼저 찾는다. 문장 첫 번째 명사가 주어이다.

point 2 부분사 of 명사
of 뒤의 명사에 수를 맞춘다. (부분을 나타내는 말, 분수, 퍼센트 등)

6 대명사 / 대동사

point 1 대명사 : them · it / that · those 형태로 많이 나온다.
→ 유일하게 해석해서 단수, 복수를 따져 풀어야 한다.

(point 2) 대동사의 흔한 패턴

> s + <u>v</u> + as + s + is / does
>   than   are / do
>   was, were / did

→ 앞의 동사가 be동사이면 be동사, 일반동사이면 do동사를 쓴다.

7 병렬

(point 1) 병렬 문제라고 판단하기 어렵게 만드는 수식어를 조심하자.

> v   (수식어)   v
> v-ing   and, or, but (수식어)   v-ing
> v-ed   (수식어)   v-ed